AF307480

Jehuda L. Stein   Juden in Krakau

Jehuda L. Stein

Juden in Krakau

Ein historischer Überblick
1173-1939

**Herausgegeben
von Erhard Roy Wiehn**

**Hartung-Gorre Verlag
Konstanz**

Umschlagvorderseite: Grabmal des Rabbi Moses ben Israel Isserles
Remu in Krakau;
Umschlagrückseite: Umfriedungsmauer aus zerstörten Grabsteinen am
Remu-Friedhof in Krakau (Fotos Erhard Roy Wiehn, März 2008);

Bibliografische Information Der Deutschen Nationalbibliothek

Die Deutsche Nationalbibliothek verzeichnet diese Publikation in der
Deutschen Nationalbibliografie; detaillierte bibliografische Daten
sind im Internet über <http://dnb.dnb.de> abrufbar.

Erste Auflage 1997, 2. Auflage 2008, **3. Auflage 2026**
Lektorat und Zusammenstellung als Herausgeber: Erhard Roy Wiehn
Hartung-Gorre Verlag, Säntisblick 26, 78465 Konstanz,
verlag@hartung-gorre.de
Druck: Libri Plureos GmbH, Friedensallee 273, 22763 Hamburg
ISBN 978-3-89649-201-2 und 3-89649-201-2

Inhalt

*meinem in Nowy Targ (Neumarkt am Dunajec) ermordeten Vater und Lehrer
sowie meiner Mutter und meinem Bruder Josef,
die im Vernichtungslager Belzec ermordet wurden,
und dem Andenken der Krakauer Juden
gewidmet*

Dr. Jehuda L. Stein

Jehuda L. Stein

'Endlösung' - memento mori

Fünf Jahre, vier Monate und zwölf Tage dauerte die mörderische Gewaltherrschaft der Deutschen in der Stadt Krakau (s. S. 113). Durch die Kriegsereignisse nicht völlig zerstört und von der deutschen Besatzung verschont geblieben sind die jahrhundertealten Denkmäler und Häuser der 'Königlichen Hauptstadt Krakau', die bis 1609 der Sitz der polnischen Könige war.

Der 'Endlösung' anheimgefallen ist die Jüdische Gemeinde Krakau, eine der ältesten jüdischen Gemeinden Polens, die das grausame Schicksal des polnischen Judentums teilte.

Von den 64'000 Juden, die 1938 in Krakau lebten, überlebten den Massenmord nur etwa 4'000. Das Ghetto Krakau (s. S. 8 u. 114f.), die Konzentrationslager Krakau-Plaszów, Groß-Rosen und Flossenbürg sowie die Vernichtungslager Belzec, Treblinka und Auschwitz waren die Stationen des Martyriums der Krakauer Juden.

Heute zählt die 'Kongregation mosaischen Glaubens' in Krakau weniger als 200 Mitglieder, alle in vorgerücktem Alter; nur zehn von ihnen lebten vor dem Jahre 1939 in Krakau. Mit den letzten Überlebenden, verstreut über die ganze Welt, wird sich zu Beginn des nächsten Jahrhunderts die letzte Generation der Krakauer Juden von der Geschichte verabschieden.

Aufgehört zu existieren hat die nahezu 700 Jahre alte Gemeinde, eine der ältesten und bedeutendsten Gemeinden Polens, die Schatzkammer der jüdischen Kultur und Tradition, durch ihre reiche Vergangenheit eng verbunden mit der Geschichte der Stadt Krakau und Polens. Das letzte Kapitel der Geschichte des 'Polnischen Jerusalems' und der 'Ir wa-Ejm be-Jisrael' ('Stadt und Mutter Israels') ist geschlossen. Für immer.

Verschwunden sind aus dem Leben der Stadt Krakau die Juden, ein jahrhundertealter, integrierter Teil der Stadtgeschichte. Vernichtet wurde eine unwiederholbare Kultur. Vom reichen Traditions- und Kulturnachlaß der Gemeinde ist nichts geblieben. Ausgeraubt und vernichtet wurden die unwiederbringlichen Schätze der jüdischen Kunst in den Synagogen und in Privatbesitz. Zerstört wurden die Archive der alten Gemeinde und mit ihnen eine unersetzliche historische Quelle für die Erforschung der Geschichte der Juden in Polen.

Nur stumme Zeugen als einzigartige Spuren des vernichteten jüdischen Lebens und der jüdischen Kultur in Polen (S. 112) blieben noch in Kazimierz, dem alten Judenbezirk Krakaus. Die alten Häuser, der rekonstruierte, geschichtsträchtige Remu-Friedhof als Nekropole der Krakauer Juden und die sechs mittelalterlichen, z.T. renovierten Synagogen (s. S. 105ff.) wurden zu einem symbolträchtigen Denkmal der Stadt Krakau ohne Juden.

Ghettomauer-Mahnmal in Krakau 1983 (Foto Wiehn)

Erhard Roy Wiehn

Krakau ohne Juden

Das von Alfred Döblin beschriebene jüdische Krakau gibt es nicht mehr; geblieben ist nur das Gehäuse, in dem einmal jüdisches Leben gelebt wurde: „Abends sehe ich die Männer in Gruppen aus kleinen hell erleuchteten Betstuben wandern, in die engen Gassen von Kazimierz, der Krakauer Judenstadt: auf Halbschuhen, in weißen Strümpfen, kolossale Pelzmützen bis an die Ohren, die Strejmel. - ... - Ich steige - das Gebet ist vorbei - in die alte Synagoge (S. 13 u. 108). Sie war die Bibliothek des 'Kaisers Kasimir'; ich habe vorher eine Tafel auf der Straße gesehen: Kasimir saß als Engel da, alte Juden mit der Thora dankten ihm für die Aufnahme in Krakau. Im 'Polisch', dem Vorraum der Synagoge, hängt an der Wand noch die Kette für die vom Richter, dem Rebbe, Verurteilten, der Pranger, wo man sie anspie: Theologie, wie im Buch der Jagiellonischen Bibliothek, eine praktische Wissenschaft." Aber: „Man weiß von sechsunddreißig Zaddiks. Das sind keine Rebbes, sondern anonyme Gerechte im Volk. Sie dürfen sich nicht offenbaren, und niemand errät sie; sie können Schuster und Schneider sein. Auf diesen stillen verborgenen sechsunddreißig Gerechten ruht die Welt. Wären sie nicht da, ginge sie unter. Wenn einer von ihnen stirbt, wird ein anderer geboren." Alfred Döblin ging damals über den breiten Markt vor der Kasimirsynagoge: „Kleine mürbe Häuser umgeben ihn. Ein Teil auf ihm ist ummauert und verschlossen. Das ist der alte Friedhof (S. 109). Man erzählt sich von einem Haus, das hier stand. Sie feierten eine Hochzeit, am Freitag. Die zog sich bis in den heiligen Sabbat hinein. Da versank alles, das ganze Hochzeitshaus mit dem Brautpaar und Gästen. Ein großer Rebbe hat an diesem Markt gewohnt, Remos (Remu), Rabbi Moses Isserles. Sein Häuschen steht noch, vor zweihundert Jahren lebte er drin, auf dem alten Friedhof liegt er (S. 101 u. 132). Dreiunddreißig Jahre wurde er alt, dreiunddreißig Bücher hat er geschrieben, dreiunddreißig Tage nach dem Fest Schewuos am Lag-b'omer ist er gestorben." (A. Döblin 1968, S. 251ff.)

„Als die deutschen Soldaten in Krakau einzogen - das war im September 1939 -, waren wir alle entsetzt und hatten Angst", läßt William Styron seine vornehme junge Krakauerin Sophie sagen: „Natürlich fanden wir das schlimm, was uns geschah, aber wir blieben ruhig und hofften, daß es gutgeht. Die Zeit war wirklich nicht so schlimm, ... ich meine anfangs, weil wir hofften, daß uns die Deutschen anständig behandeln werden. Sie hatten unsere Stadt nicht bombardiert wie Warschau, und deshalb fühlten wir uns ein wenig bevorzugt und geschützt, geschont. Die deutschen Soldaten, sie hatten ein sehr gutes Benehmen, und ich erinnere mich, wie mein Vater sagte, das beweist, was er immer schon gedacht hat, daß nämlich die deutschen Soldaten an der Tradition des alten Preußen festhalten, das einen Ehrenkodex besaß. Sie werden deshalb Zivilisten nie Schaden zufügen oder grausam zu ihnen sein. Es beruhigte uns auch, all diese Tausende Soldaten deutsch sprechen zu hören, weil für unsere Familie deutsch beinahe die Muttersprache war. Wir hatten also nur ganz am Anfang diesen Schreck, aber dann schien es nicht so schlimm zu werden." - Doch bald darauf ließ Generalgouverneur Dr. Hans Frank den Lehrkörper im Hof der alten Universität zusammenkommen und nach Sachsenhausen bringen, wo viele erschossen wurden (W. Styron 1983, S. 103f.). - Mit den Deutschen kamen die deutschen Anordnungen (vgl. hier S. 113) - Krakau sollte eingedeutscht werden: „Das deutsche Krakau", das einstige Kulturzentrum des Ostens sei als Hauptstadt des Generalgouvernements wieder Mittelpunkt deutscher Ordnung und deutschen Aufbaus geworden, man spüre allenthalben den deutschen Schwung, schrieb Bruno Hans Hirche in seinem 1941 im Krakauer Verlag 'Deutscher Osten' erschienenen Propagandaband: „'Nein, wie hat sich dieses Krakau verändert! Und Juden gibt es auch immer weniger...!" (B.H. Hirche 1941, S. 101f.; vgl. hier S. 114) - Nach der deutschen Besatzung, nach Auschwitz, Majdanek und Treblinka, waren auch in Krakau keine Juden geblieben. Ein tausendjähriges jüdisches Leben in Polen wurde in ca. drei Jahren unwiederbringlich vernichtet. Seit 1980 war ich bis jetzt viermal in Krakau (1983, 1989, 1993), teils allein, teils mit jüdischen Reisegruppen, und ich war jedesmal erneut traurig-beglückt, jüdischen Spuren folgen zu dürfen. Krakau und speziell Kazimierz haben es in sich (vgl. E.R. Wiehn, Jüdische Spuren in Polen, hier S. 117ff.)

Um so mehr war ich erfreut, als mir Heinz Roschewski Ende April 1997 überraschend schrieb: „Ein Freund, Dr. Jehuda L. Stein, heute in Bremgarten/Bern lebend, in Krakau geboren und aufgewachsen, Überlebender von drei Konzentrationslagern - darunter auch im KZ Krakau-Plaszow, wo Schindler wirkte - im April 1945 unter schwersten Umständen in die Schweiz entkommen, ein hervorragender und tiefschürfender Kenner des polnischen Judentums und speziell des jüdischen Krakau in all seinen geschichtlichen, religiösen, sozialen und kulturellen Belangen, hat auf Grund jahrelanger Recherchen und eigener Erfahrung eine 77 Schreibmaschinenseiten umfassende, meines Erachtens sehr sehr gute Arbeit verfaßt: 'Die Juden in Krakau (1173-1939)'..." - Postwendend habe ich unser Interesse bekundet. - Mit einem Schreiben vom 3. Mai 1997 übersandte mir Dr. Jehuda L. Stein sein Manuskript u.a. mit dem

Vermerk: „Die Monographie ist vielleicht etwas 'persönlich gefärbt'. Der Grund liegt wahrscheinlich darin, daß auch den paar hundert überlebenden Krakauer Juden immer noch ein 'Lokalchauvinismus' nachgesagt wird." - Beeindruckt von der dichten und inhaltsreichen Darstellung der jüdischen Geschichte Krakaus haben wir bereits einige Tage später dem Autor mitgeteilt, seine Monographie gerne veröffentlichen zu wollen, und wir freuen uns natürlich sehr, daß dies nun relativ rasch geschehen konnte, und zwar mit herzlichem 'mazel tov' zum 5. Februar 1998 und bis 120 - sowie „nicht zuletzt im Hinblick auf die bevorstehende Nomination der Stadt Krakau zur Kulturstadt Europas im Jahre 2000", so der Autor, „und meine Befürchtung der ungenügenden Berücksichtigung der einzigartigen Geschichte und Kultur der Krakauer Juden durch die offiziellen Organisatoren." Abgesehen von unseren Publikationen, die Auschwitz betreffen, ist Jehuda Steins Geschichte und Soziologie der 'Juden in Krakau' die vierte Veröffentlichung über Juden in Polen in unseren Schriften zur Schoáh und Judaica - nach meinen beiden Bänden 'Kaddisch - Totengebet in Polen' (Darmstadt 1984 u. 1987) und 'Ghetto Warschau - Aufstand und Vernichtung 1943 fünfzig Jahre danach zum Gedenken' (Konstanz 1993) sowie nach Josef Goldkorns 'Im Kampf ums Überleben - Jüdische Schicksale in Polen 1939-1945' (Konstanz 1996). Herzlich zu danken ist Gerhard Schreiner vom Rechenzentrum der Universität Konstanz für das Skannen des Textes, Heide Fehringer für die Textkorrekturen sowie Bettina Schröm und Werner Sauermann fürs Korrekturenlesen und die Textgestaltung. - Was veröffentlicht und in einigen einschlägigen Bibliotheken der Welt aufgehoben ist, wird vielleicht nicht so schnell vergessen.

um Tischa b'Av - im August 1997

Jehuda L. Stein

Juden in Krakau

'In der Alten Synagoge' (Altschul) von J. Hruzik 1860

1. Juden im mittelalterlichen Krakau

Die Stadt Krakau (Cracovie, Cracow), poln. Kraków, liegt in Südpolen am Oberlauf der Weichsel. Die älteste, sichere Nachricht über diese Stadt, die noch vor der Christianisierung Polens (966) gegründet wurde, stammt aus dem Jahre 965 (oder 973), von dem spanisch-jüdischen Geographen Ibrahim Ibn Jakub aus Tortosa[1], der als Gesandter des Kalifs von Cordoba am Hof des Kaisers Otto I. (936-973) die slawischen Länder bereiste.

In seinem Reisebericht umschreibt Ibrahim Ibn Jakub den Herrschaftsbereich des ersten, mit diesem Bericht historisch bezeugten Polenherzogs Mieszko I. ('Mescheqqo', gest. 992). Sein Reich, schreibt Ibrahim Ibn Jakub, grenzt im Süden an das Land Boleslav I., Herzog von Böhmen (935-967), zu dem auch Krakau im Lande der Wislanen gehöre. Es ist eine Handelssiedlung, wo Waren aus dem entfernten Rußland hingebracht und gelagert sind, bevor sie nach Westen weitertransportiert werden. Ferner berichtet Ibrahim Ibn Jakub aus Tortosa, daß er die Strecke zwischen Farago (Prag) und Karoko (Krakau) in drei Wochen zurücklegte. Diese Entfernungsangabe scheint den späteren polnischen Historikern als reichlich übertrieben, auch unter Berücksichtigung der damaligen Reisebedingungen. Sie führen es zurück auf die genaue Erkundung des Landes durch Ibrahim Ibn Jakub auf seinen Reisen.

Kurz nach der Christianisierung Polens im Jahre 966 wurde Krakau im Jahre 1000 zum Bischofssitz (heute Erzbistum).

Durch die Tataren zerstört, wurde die Stadt nach Magdeburger Recht im Jahre 1257 neu gegründet und entwickelte sich schnell zu einem der bedeutendsten Handels- und Kulturzentren Ostmitteleuropas, mit starkem deutschen und jüdischen Bevölkerungsanteil.

Anno 1364 wurde in Krakau, mit päpstlichem Privileg ausgestattet, nach dem Carolinum in Prag (1348) durch König Kasimir III. den Großen (Kazimierz Wielki 1333-1370) die zweitälteste Universität Europas nördlich der Alpen gegründet. Um 1400 durch König Wladyslaw Jagiello (1386-1434) ausgebaut, trägt die Universität bis auf den heutigen Tag die Bezeichnung 'Jagiellonische Universität'.

Bis 1609 war Krakau Polens Hauptstadt und Sitz der polnischen Könige.

Im Laufe der Jahrhunderte hielten Tataren, Schweden, Preußen, Russen und Österreicher die Stadt für kürzere oder längere Zeit besetzt.

---

[1] Ibrahim Ibn Jakub aus Tortosa in al-Masalik wa-al Mamalik, von al-Bakri. Encycl. Judaica, Band 8, S. 124.

Seit der dritten Teilung Polens im Jahre 1795 gehörte Krakau als Hauptstadt Westgaliziens bis 1918 zu Österreich, in den Jahren 1815-1846 als freie Republik.

1918-1939 war Krakau in der neu entstandenen Republik Polen die Hauptstadt der südpolnischen Woiwodschaft Krakau. 1938 zählte die Stadt Krakau über 250'000 Einwohner, davon waren 64'348, also rund 25% der Bevölkerung, Juden.

Zusammen mit dem nach dem Krieg erbauten Industriestadtteil Nowa Huta zählt Krakau 1997 über 750'000 Einwohner. Der „Kongregation des mosaischen Glaubens" (so lautet heute die offizielle Bezeichnung der jüdischen Gemeinde Krakaus) gehören weniger als 200 Mitglieder im vorgerückten Alter an; nur zehn von ihnen lebten vor dem Jahre 1939 in Krakau.

Der alte Stadtteil Krakaus, der auch den früheren jüdischen Wohnbezirk Kazimierz umfaßt, gehört heute zu den 140 von der UNESCO geschützten Weltkulturgütern. Seine bedeutendsten bis heute noch erhaltenen Baudenkmäler sind u.a. das Schloß Wawel, Krönungsort und Grabstätte der polnischen Könige, die gotische Marienkirche mit ihrem berühmten Veit-Stoß-Altar (1489) und die Jagiellonische Universität (1400).

Von den jüdischen Baudenkmälern blieben die sechs sog. Groß-Synagogen aus dem Mittelalter erhalten: die Altschul-Synagoge (zweite Hälfte des 14. Jahrhundert), die Remu-Synagoge (1553), die Hohe Synagoge (1563), die Popper-Synagoge (1620), die Kupa-Synagoge (1643) und die Ajzyk-Synagoge (1644).

*

Die Geschichte der Krakauer Juden ist natürlich eng verbunden mit zwei benachbarten Städten, nämlich mit der Stadt Krakau und der Satellitenstadt Kazimierz. Nach Kazimierz kam das Gros der Krakauer Juden im Jahre 1495. Ihre Rückkehr nach Krakau erfolgte formell durch die Eingemeindung von Kazimierz im Jahre 1800 und rechtlich durch die Verleihung der vollen Bürgerrechte im Jahre 1867.

Die Geschichte der Jüdischen Gemeinden in Krakau und Kazimierz wurde bis heute nicht vollständig erforscht. Unter der Annahme, daß nach 1495 die Juden ausschließlich in Kazimierz lebten, haben die Historiker zahlreiche

Quellen außer acht gelassen, die darauf hinweisen, daß auch nach 1495 eine organisierte Jüdische Gemeinde in der Stadt Krakau existierte[2].

Nach der Eingemeindung im Jahre 1800 wurde Kazimierz zum jüdischen Wohnbezirk der Stadt Krakau. Bis zur Errichtung des Ghettos durch die Deutschen im Wohnbezirk Podgórze im Jahre 1941 lebten dort etwa 40% der 65'000 Juden Krakaus.

*

Wann und woher die ersten Juden nach Krakau gekommen sind, ist nicht bekannt. In seinem Reisebericht aus dem Jahre 965 schreibt der oben erwähnte Ibrahim Ibn Jakub (vgl. Fußnote 1, S. 15): „Die Stadt Prag, aus Stein und Kalk gebaut, ist die reichste Handelsstadt. Es kommen hier Kaufleute aus der Stadt Krakau, aus Rußland und aus anderen slawischen Ländern, und es kommen zu den Pragern Türken und Juden mit Waren und byzantinischen Münzen, und von hier führen sie Mehl, Zinn und Leder aus." Es ist denkbar, daß Ibrahim Ibn Jakub bereits im Jahre 965 in Prag jüdischen Kaufleuten aus Krakau begegnete.

Aus der 'Chronik der Böhmen des Cosmas von Prag'[3] aus dem Jahre 1096 stammen die Angaben über die ersten Kreuzzüge, die aus Frankreich und Deutschland kommend durch Prag zogen. In der gleichen Chronik wird über Überfälle auf die jüdische Bevölkerung und über die Zwangstaufe von Juden berichtet. Viele der getauften Juden kehrten in kürzester Zeit zu ihrem Glauben zurück und flüchteten nach Ungarn und Polen. Es wird angenommen, daß die Prager Juden in Krakau Zuflucht gefunden haben, in der polnischen Königsstadt, die auf dem wichtigen Handelsweg zwischen Prag und Kiew lag, wo Juden bereits ansässig waren.

*

Die ersten verläßlichen Angaben über die Anwesenheit der Juden in Krakau stammen aus der zweiten Hälfte des 12. Jahrhunderts. In einem kritischen Bericht über die Herrschaft von Herzog Mieszko Stary (Mieszko der Alte, 1173-1177) wirft Bischof Wincenty Kadlubek[4] (seit 1207 Bischof von Krakau) dem

---

[2] B. Wyrozumska, The Jews in Poland, Vol. I, Research Center on Jewish History and Culture in Poland, Jagiellonian University, Cracow 1992, S. 27-37.

[3] Die Chronik der Böhmen des Cosmas von Prag. Hg. H. Bretholz. Berlin 1923 (nach J. Wyrozumski, Krzysztofory 15).

[4] Monumenta Poloniae Historica, 2, 381. (poln.) Ed. A. Bielowski. Lwów (Lemberg) 1872 (nach J. Wyrozumski, Krzysztofory 15).

Herzog vor, daß er Studenten (scholares), die einen Juden erschlagen haben, mit der Strafe für ein „Sacrilegium" bestrafen ließ. Daraus wird geschlossen, daß in der zweiten Hälfte des 12. Jahrhunderts Juden in Krakau unter dem Schutz des Herzogs als 'servi camerae regis' ('königliche Diener') lebten und der Agriff auf ihre Person als Majestätsbeleidigung geahndet wurde (bestraft wie ein 'Sacrilegium'). Aus dieser Zeit stammen auch die ältesten in Krakau geprägten Münzen mit hebräischer Schrift (z.B. „KASI", 'Kazimierz Sprawiedliwy', Herzog Kasimir II., Bruder von Herzog Mieszko Stary)[5].

*

Aus dem 13. Jahrhundert liegen keine direkten Quellenangaben über Juden in Krakau vor. Nur im Jahre 1234 taucht im 'Sefer Arugat ha-Bossem' ('Buch vom Gewürzgartenbeet', Kommentare zu liturgischen Dichtungen) von Abraham ben Azriel aus Böhmen (herausgegeben mit Kommentaren von E.E. Urbach, Bd. 1-4, 1939/63, nach Encycl. Judaica) der Name eines Jacob Savra von Krakau auf, „eines großen Gelehrten, der den ganzen Talmud kannte."

Aber bereits zu Beginn des Jahres 1300 werden in den Stadtbüchern, in denen die Immobilientransaktionen registriert wurden, die Namen von jüdischen Einwohnern in Krakau aufgeführt. Im Jahre 1304 wird die Judengasse als 'Platea Judeorum' (heute Hl.-Anna-Straße) mehrmals erwähnt.

In Dokumenten aus den Jahren 1347, 1394 und 1439 werden nebst der 'Platea Judeorum' auch 'Valvae Judeorum' ('Jüdisches Tor'), 'Hospitalia Judeorum' und 'Vicus Judeorum retro Collegium' (ein jüdischer Platz hinter dem Collegium) erwähnt, der an der Kreuzung der heutigen Hl.-Anna- und Jagiellonska-Straße in der Nähe des Collegium Maius lokalisiert werden kann.

Als 1392 den Juden verboten wurde, ihre Häuser an ihre Glaubensgenossen zu verkaufen, verkaufte noch im gleichen Jahr die Jüdin Lelka ihr Haus an Piotr Gerhardsdorf. Auf dieser Parzelle steht bis heute das älteste Gebäude der im Jahre 1364 von Kasimir dem Großen gegründeten Akademie, die im Jahre 1400 von König Wladyslaw Jagiello zu einer Universität ausgebaut worden war. Als jüdische Gebäude werden bezeichnet das Ritualbad ('Balneum Judeorum') im Jahre 1358 und eine jüdische Schule ('Schola Judeorum') im Jahre 1370.

In einem Dokument aus dem Jahre 1356 wird eine Synagoge in der Platea Judeorum erwähnt. Von zwei Synagogen (alte und neue) mit angrenzenden

---

[5] Z. Zakrzewski, 0 brakteatach z napisami hebrajskimi (poln. 'Über Brakteaten mit hebräichen Inschriften') Krakau 1909 (1922) (nach J. Wyrozumski, Krzysztofory 15).

Friedhöfen berichtet ein Dokument aus dem Jahre 1469 im Widerspruch zu den Beschlüssen der Synode, die nur eine Synagoge tolerierte.

Aus den Jahren 1311 und 1400 stammen die Angaben über einen jüdischen Friedhof auf einem Gelände außerhalb der Stadtmauer, genannt 'Kawiory'. Der Name 'Kawiory', dessen Ursprung in der polnischen Sprache nicht eruiert werden kann, wird vom hebräischen 'Kevarim' (Gräber) abgeleitet. Auf den zwei kleinen Friedhöfen in der Nähe der Synagogen wurden wahrscheinlich nur die reichen Juden bestattet.

In der Judengasse, wo die Hl.-Anna-Kirche stand (und noch heute steht), wohnten auch Christen, vorwiegend deutscher Abstammung. Das von den Juden an der damaligen Stadtgrenze bewohnte Areal war weder von einer Mauer noch von einem Zaun umgeben und hatte daher keinen Ghettocharakter. Durch die 'Porta', 'Portula' oder 'Valva Judeorum' ('Jüdisches Tor') in der Stadtmauer am Ende der 'Platea Judeorum' ('Judengasse') in unmittelbarer Nähe der heutigen Hl.-Anna-Kirche, führte der Weg auf den jüdischen Friedhof, der außerhalb der Stadtmauern lag.

*

Die Konzilsbeschlüsse der Kirche in Breslau (1267) und Buda (1279), welche u.a. auch die Kennzeichnung der Juden durch einen 'Spitzhut' ('Cornutum pileum') oder gelben 'Kleiderschandfleck' ('De signo Judeorum in pectore') umfaßten, wurden nicht befolgt. Zahlreiche Klagen des Bürgertums und der Kirche bei den Königen zeugen davon. Noch im Jahre 1534 ordnete König Zygmunt I. an, daß die Juden nicht zum Tragen des Schandflecks gezwungen sein sollen, weil sie, derart gekennzeichnet, Gefahren auf den Wegen und Märkten ausgesetzt und beim Betreiben des Handels gehindert würden.

In der zweiten Hälfte des 14. Jahrhunderts lebten in Krakau, ausgestattet mit königlichen Privilegien, mehrere hundert Juden, die im Handel und Gewerbe tätig waren oder im Dienste des Königs standen; sie waren mit der Eintreibung der Pachtzinsen und der Zollabgaben beauftragt. Etwa 20 Juden befaßten sich damals mit der Geldausleihe. Der bekannteste von ihnen war Lewko ben Jordan, Bankier des Königs Kasimir des Großen und Wladyslaw Jagiellos, der trotz des Verbotes durch das Kirchenrecht auch Pächter der königlichen Münzstätte und der Salzgruben in Wieliczka und Bochnia war. Vom Umfang der Geldgeschäfte, welche die Juden damals tätigten, zeugt die Anklage Königs Wladyslaw Jagiello, der im Jahre 1428 einen Krakauer Stadtrat beschuldigt hatte, sich die damals immense Summe von 500'000 Zloty angeeignet zu haben, welche die Juden dem Königsschatz abliefern sollten.

Aus der Mitte des 14. Jahrhunderts stammt die Institution des 'Kampsors', eines jüdischen Geldausleihers an der Universität, eingesetzt durch den Gründer der Universität, König Kasimir den Großen. In der Gründungsurkunde der Krakauer Akademie aus dem Jahre 1364 wird ein reduzierter Jahreszins, den der 'Kampsor' erheben durfte, von 25% festgehalten. Später wurde der Kampsor zu einem wichtigen Verbindungsmann zwischen dem Rektorat der Universität, der Verwaltung der jüdischen Gemeinde und den Krakauer Rabbinern.

Eine interne autonome jüdische Jurisdiktion wird zum ersten Mal im Jahre 1412 erwähnt und über jüdische Gerichtsbücher (Libri judiciales Judeorum) im Jahre 1424 berichtet. Die Rechtsprechung in Verfahren, an denen Juden und Christen beteiligt waren, lag in der Kompetenz eines königlichen Sekretärs, bezeichnet als Richter der Krakauer Juden (Iudex protunc Judeorum Cracoviensum), erstenmals erwähnt im Jahre 1412.

Zusammen mit dem vorher genannten Lewko ben Jordan und seiner Familie nahm auf Empfehlung Königs Kazimierz Wielki (1333-1370) im Jahre 1356 der Stadtrat von Krakau einen 'Episcopus Judeorum' ('Gemeindeältester' und wahrscheinlich auch Rabbiner) namens Smoyl (Samuel) unter seinen Schutz mit der Auflage, seinem Nachfolger den gleichen Schutz zu gewähren. Aus den späteren Akten ist ersichtlich, daß Smoyls Sohn Smerlin königlicher Bankier wurde, und daß nach seinem Tod im Jahre 1406 seine zwei Kinder gewaltsam getauft wurden. Eine jüdische Gemeindeverwaltung mit vier oder fünf Gemeindeältesten ('seniores') wird als 'Judei et tota eorum communitas de Cracovia' im Jahre 1465 und eine Jüdische Gemeinde als 'Communitas Judeorum in Cracovia' im Jahre 1469 in den Stadtbüchern aufgeführt.

*

Die starke Einwanderung der Juden nach Polen, die in der zweiten Hälfte des 14. Jahrhunderts mit der wirtschaftlichen Entwicklung Polens unter König Kazimierz Wielki einsetzte und im 16. Jahrhundert ihr größtes Ausmaß erreichte, erfaßte auch Krakau, die königliche Haupstadt Polens. Nach den Juden aus Böhmen und Mähren kamen die aus den Ländern unter der habsburgischen Herrschaft vertriebenen aschkenasischen Juden und später, zu Beginn des 16. Jahrhunderts, die sephardischen Juden, die aus Spanien und Portugal vertrieben worden waren. Nicht vertrieben, aber angezogen durch die königlichen Privilegien und die wirtschaftliche Entwicklung Polens, kamen nach Krakau selbst die sephardischen Juden aus der Türkei und aus Italien.

Die im 15. Jahrhundert stark wachsende wirtschaftliche Aktivität der Krakauer Juden, die in zunehmendem Maße nebst der Geldausleihe auch den Handel und das Handwerk umfaßte, stieß auf wachsenden Konkurrenzneid und Widerstand der christlichen Kaufleute und Handwerker. Wie in anderen europäischen Städten wurde die Judenfeindschaft gefördert und unterstützt durch die katholische Kirche, die zuerst nur mit mäßigem Erfolg gegen die königlichen Privilegien kämpfte, mit denen die Juden ausgestattet waren. Durch die Ausschreitungen in den Jahren 1407, 1454 und 1463, besonders nach den Haßpredigten des Franziskanermönchs Jan Capistrano bei seinem Besuch in Krakau im Jahre 1454 und durch die Einschränkung ihrer Aktivitäten im Kleinhandel durch den Stadtrat im Jahre 1485 in ihrer Existenz bedroht, begannen die Krakauer Juden in der zweiten Hälfte des 15. Jahrhunderts die Stadt zu verlassen, um sich in der benachbarten Satellitenstadt Kazimierz anzusiedeln, wo bereits eine kleine jüdische Gemeinde bestand.

Der Pogrom im Jahre 1407 wurde vom polnischen Mittelalter-Historiker Jan Dlugosz (1415-1480) genau geschildert. Von der Kanzel der Kirche wurden die Juden durch Magister Budek des Ritualmords beschuldigt, worauf ihre Wohnungen ausgeraubt und ihre Häuser in Brand gesteckt wurden. Als die Juden Schutz im Turm der Hl.-Anna-Kirche suchten, wo sie sich bis zum Anbruch der Nacht verteidigten konnten, zögerte die entfesselte Volksmenge nicht, den Kirchturm in Brand zu stecken. Viele Juden wurden ermordet oder verhaftet. Eine große Anzahl von Juden ließ sich taufen. Alle jüdischen Kinder, die von den Christen verschont blieben oder dem Feuer entkommen konnten, wurden getauft. „Das Jahr 1407", schreibt Jan Dlugosz in seiner Chronik, „blieb in der Erinnerung als ein Jahr der Niederlagen für die Juden, nicht nur in der Stadt Krakau, sondern auch in Frankfurt, in den Städten Schlesiens und in der englischen Stadt Canterbury." Von König Wladyslaw Jagiello aufgefordert, die Schuldigen zu bestrafen und den Juden ihr geraubtes Vermögen zurückzuerstatten, stellten die Krakauer Ratsherren 30 Bürger unter Anklage und sicherten das geraubte jüdische Vermögen, dessen Inventar in den Stadtbüchern aufgeführt wurde.

*

Im Jahre 1400 gründete König Wladyslaw Jagiello auf einer Parzelle, auf der bis 1392 das Haus der Jüdin Lelka stand, wahrscheinlich im ältesten Teil des heutigen Collegium Maius, das Studium Generale. Infolge des Ausbaus der Universität mußten die Juden in den Jahren 1434 und 1447 weitere drei Häuser verkaufen. Im Jahre 1469 wurde die Jüdische Gemeinde gezwungen, die beiden Synagogen mit den angrenzenden Friedhöfen, das Spitalgebäude, die Schule und das Ritualbad (Mikwe) an die Universität abzutreten, und zwar im Tausch gegen eine Parzelle in der Hl.-Tomasz-Straße, im Abschnitt zwischen der heutigen Slawkowska-Straße und dem Szczepanski-Platz (entstanden 1811). In dieser Straße, die damals Szpiglarska-Straße hieß, wohnten schon früher Juden, die dort auch ihre (bereits dritte) Synagoge hatten. Unterzeichnet wurde der Vertrag „freiwillig und ohne Zwang" durch die Senioren der jüdischen Gemeinde: Moyses, Jakob, Nachman, Abraham aus Sanz, Jakob Nol und Jan Dlugosz, den Krakauer Domkapitular und Historiker, der, einen Raum für die Erweiterung der Universität suchend, die Juden zum Verlassen der Hl.-Anna-Straße gezwungen hatte.

So standen die ältesten Gebäude der Jagiellonischen Universität, darunter das Collegium Maius (heute die Universitätsbibliothek), in der Hl.-Anna-Straße, wahrscheinlich an der gleichen Stelle, an der die älteste Synagoge Krakaus stand. Als viele Jahre später eine Wand im Akademiegebäude abgerissen wurde, fand man dort „ein(en) Schatz von den Juden im Werte von 10'000 Dukaten" (M. Balaban). Für kurze Zeit (25 Jahre) wurde ein Teil der heutigen Hl.-Tomasz-Straße (damals Szpiglarska-Straße) von der Slawkowska-Straße bis zum heutigen Platz Szczepanski zur neuen Judengasse.

2. Zur Ankunft der Juden in Kazimierz

Der Großbrand in Krakau am 29. Juni 1494, dem die Hälfte der Stadt zum Opfer fiel, wurde von Maciej Miechowita in 'Cronica Polonorum' (Cracovia 1521) genau beschrieben. Nach den Angaben dieses Chronisten erfaßte der Brand auch die Häuser der Juden in der neuen Judengasse 'post ecclesiam sancti Stephani', d.h. hinter der Hl.-Szczepan-Kirche (heute eine Straße in der Nähe des Szczepanski-Platzes). Wieder einmal wurden die Juden der Brandstiftung beschuldigt und infolgedessen mißhandelt und ausgeraubt. Auf Antrag des Stadtrates ließ König Jan Olbracht (1492-1501) angesehene jüdische Bürger einsperren, u.a. den Hofbankier Mojzesz Fiszel und seinen Schwiegersohn Rabbiner Jakob Polak. Durch die Intervention des bekannten Humanisten und Erziehers der Königskinder, Filip Kalimach, wurden die inhaftierten Juden aus dem Gefängnis entlassen. Dem Drängen des Stadtrats nachgebend und von seinem Bruder Kardinal Fryderyk beeinflußt, hat König Jan Olbracht im Jahre 1495 - so der Chronist Miechowita - „Judeos de Cracovia in Kazimiriam transtulit", d.h. die Juden nach Kazimierz übersiedelt bzw. nach Kazimierz gebracht (vgl. Fußnote 2, S. 17). Weder Miechowita noch die späteren Chronisten (Kromer 1554, Bielski 1597) benutzen das Wort 'Vertreibung' (expellere). Auch M. Balaban, der in seiner 'Geschichte der Juden in Krakau und Kazimierz' (Krakau 1931) von der Vertreibung der Juden schreibt, bringt die Bemerkung: „einen königlichen Befehl habe ich nicht gefunden" (M. Balaban, Bd. I, S. 64).

*

Nach der neuen Hypothese von Bozena Wyrozumska (vgl. Fußnote 2, S. 17) hat König Jan Olbracht nach der Brandkatastrophe die Juden aus Krakau nicht vertrieben, sondern den obdachlosen Juden in der Satellitenstadt Kazimierz neue Siedlungsflächen zugewiesen. Nur diejenigen Juden, deren Häuser durch den Brand zerstört worden waren, verließen Krakau und siedelten sich in Kazimierz an. Die anderen blieben in Krakau und gingen dort weiter ihren Geschäften nach.

Ihre Ansicht stützt Wyrozumska u.a. auf zahlreiche Eintragungen in den Stadtbüchern und Stadtregistern. Aus diesen geht hervor, daß nach den Ereignissen im Jahre 1494 den Juden, die in Krakau geblieben waren, der Eigentumserwerb in der Stadt Krakau zwar erschwert, jedoch nicht ganz verboten wurde.

Das kritische Jahr in der Geschichte der Krakauer Juden war nach Bozena Wyrozumska das Jahr 1485 und nicht das Jahr 1494. Im Jahre 1485 wurden nämlich die Handels- und Geldausleiherechte der Juden - damals ihre Haupterwerbszweige - drastisch eingeschränkt. Die Geldverleihgeschäfte und die Zinsen dienten als Vorwand für zahlreiche Ausschreitungen und Pogrome. Darüber hinaus wollten die christlichen Kaufleute und Handwerker die jüdische Konkurrenz ausschalten. So wurden die Juden im Jahre 1485 gezwungen, einen Vertrag zu unterzeichnen, der ihre Handels- und Gewerberechte in Krakau und in der nächsten Umgebung stark einschränkte. Den reichen Juden wurde das Pfandleihgeschäft überlassen, wobei sie nur an zwei Tagen in der Woche in ihren Häusern die verfallenen Pfandgegenstände verkaufen durften. Den armen Juden wurde bloß gestattet, die selbsthergestellten Mützen, Hauben und Kragen zu verkaufen.

Wären diese Bestimmungen rigoros durchgesetzt worden, so hätten sie katastrophale Folgen für die Entwicklung und sogar für die Existenz der jüdischen Gemeinde in Krakau zur Folge gehabt. Die zahlreichen, durch die Eintragungen in den alten Stadtbüchern festgehaltenen Proteste der Krakauer Bürger, Kaufleute und Zünfte bei der Stadtverwaltung und bei den Königen gegen die jüdischen Aktivitäten im Handel und Gewerbe im 16. und sogar noch im 17. Jahrhundert zeugen davon, daß die Vertragsbestimmungen aus dem Jahre 1485 nie durchgesetzt werden konnten.

Urkunden und Eintragungen in den Stadtbüchern aus dem 16. und 17. Jahrhundert - meint Wyrozumska -, in denen die Krakauer Juden, die Krakauer Judenältesten (seniores) und der Krakauer 'Kahal' (Jüdische Gemeindeverwaltung) ausdrücklich erwähnt sind, können sich nicht auf die Juden beziehen, die in Kazimierz lebten, in einer Stadt (mit einer eigenen Stadtverwaltung), die von der Stadt Krakau durch eine Stadtmauer getrennt war.

Mitte des 15. Jahrhunderts standen in Krakau drei Synagogen, zwei in der Hl.-Anna-Straße (die ursprüngliche Platea Judeorum) und eine in der Hl.-Tomasz-Straße, die nach 1469 zur Judengasse wurde, als die Jüdische Gemeinde gezwungen worden war, ihre beiden Synagogen und alle ihre Gebäude in der Hl.-Anna-Straße an die Universität abzutreten.

Es gibt Hinweise, daß die dritte Synagoge in der Hl.-Tomasz-Straße hinter der Hl.-Szczepan-Kirche durch die Brandkatastrophe im Jahre 1494 nicht zerstört worden war. Wahrscheinlich wurde in Krakau noch eine weitere Synagoge erstellt, die jedoch aufgrund der Synodalbeschlüsse in Piotrków im Jahre 1542 zerstört wurde. An dieser Synodalversammlung wurde die Begrenzung der Anzahl Juden beschlossen, die in Polen und besonders in Krakau wohnen durften.

„Neu errichtete Synagogen, wo auch immer errichtet, auch in Krakau, sollen zerstört werden" („sinagogas novas ubique etiam Cracoviae muro extructas"), forderte die Synode 50 Jahre nach der Übersiedlung des größten Teils der Juden von Krakau nach Kazimierz. Es ist nicht bekannt, inwiefern diese Anordnungen befolgt worden sind.

Daß nach der Übersiedlung der Juden nach Kazimierz im Jahre 1494 in der Stadt Krakau eine weitere Synagoge gebaut worden ist, deutet auch die Verordnung König Sigismunds I. (Zygmunt Stary) aus dem Jahre 1537 an. Nach dieser Verordnung sollte der Platz für die zweite Synagoge durch den Krakauer Woiwoden bestimmt werden. Die Zuständigkeit des Krakauer Woiwoden weist darauf hin, daß die Synagoge in Krakau und nicht in Kazimierz erstellt werden sollte. Auch wenn die neu gebaute Synagoge auf Grund des Synodalbeschlusses in Piotrków im Jahre 1542 zerstört wurde, so verblieb in der Stadt Krakau noch die alte Synagoge in der Hl.-Tomasz-Straße hinter der Hl.-Szczepan-Kirche. In einer Synagoge der Stadt Krakau hat noch im Jahre 1546 Isaac Pakost den Königsbefehl entgegengenommen, an Mikolaj Morawinski den geschuldeten Betrag für eine Warenlieferung zu zahlen. So verblieb in der

Stadt Krakau nach der Übersiedlung eines Teils der Juden nach Kazimierzs im Jahre 1494 mindestens eine Synagoge und ein Friedhof in Kawiory, wo die Krakauer Juden ihre Toten bestatteten. Im Jahre 1495 haben also - Wyrozumska zufolge - nicht alle Juden die Stadt Krakau verlassen; ihre Lebensbedingungen und die Erwerbsmöglichkeiten wurden jedoch stark eingeschränkt.

In seiner Geschichte der Krakauer Juden erwähnt Balaban die Namen von 11 angesehenen Juden, die noch im 17. Jahrhundert offene Geschäfte im Stadtzentrum besaßen. 92 Kaufleute und Handwerker, die in Kazimierz wohnten, haben im Jahre 1776 ihre offenen Verkaufsläden und Werkstätten am Hauptmarkt und seiner Umgebung geführt. Somit bleibt unbestritten, daß in der Stadt Krakau die Juden auch nach 1495 ständig präsent waren.

Als Beweis für die ununterbrochene Existenz einer jüdischen Gemeinde in der Stadt Krakau und für die Beziehungen zwischen den benachbarten jüdischen Gemeinden in Krakau und Kazimierz bringt Wyrozumska (vgl. Fußnote 2, S. 17) die historisch dokumentierten Ereignisse nach 1494, die - ihrer Meinung nach - sowohl die Juden in Krakau als auch die Juden in Kazimierz betreffen.

*

Im Jahre 1519 wurde ein Streit in der Krakauer Jüdischen Gemeinde (bezeichnet als 'Synagoga Cracoviensis'), der bei der Wahl ihres Rabbiners entstanden war, König Sigismund I. (Zygmunt Stary) zum Entscheid vorgelegt. Aus dem königlichen Bericht geht hervor, daß ein Teil der Gemeinde Doctor Perec wählte, der das Amt bereits drei Jahre lang bekleidet hatte, während ein anderer Teil der Gemeinde Doctor Aszer Lemel, Sohn von Rachel wählen wollte. Im salomonischen Urteil bestätigte der König die Wahl von beiden Kandidaten, wobei jeder der Gewählten seine Pflichten gegenüber dem Teil der Gemeinde zu erfüllen hatte, die ihn wählte. Der Streit ging jedoch weiter, und einige Monate später mußte der König wieder intervenieren.

Ein königliches Edikt vom 5. November 1519 beschreibt den Konflikt als eine Auseinandersetzung zwischen den alteingesessenen Krakauer Juden („antiqua communitas"), die Aszer Lemel wählen wollten, und den tschechischen Juden, die später nach Krakau gekommen waren und Rabbiner Perec als ihren Kandidaten aufstellten. Die Mitglieder der alten Gemeinde weigerten sich, die Synagoge, die sie in Kazimierz gebaut und restauriert hatten, mit den tschechischen Juden zu teilen. Der König anerkannte die Rechte der 'antiqua communitas' und untersagte den tschechischen Juden, die Synagoge ohne die Bewilligung von Doctor Aszer Lemel zu betreten[6].

Aszer Lemel starb im Jahre 1532. Als sein Nachfolger Mojzesz Fiszel das Rabbineramt übernahm, ordnete der gleiche König an, daß „alle Krakauer Juden, die der alten Synagoge angehören und in der Stadt Kazimierz leben" („Judeis nostris Cracoviensibus synagogae Polona dictae, in civitate nostra Cazimiria morantibus"), dem neuen Rabbiner zu gehorchen haben. Damit war der Rabbinerstreit beigelegt. Der neugewählte Rabbiner wurde von allen Steuern, „auf seinem Haus und Eigentum im Krakauer Judenbezirk in Kazimierz" befreit („de domo et bonis suis, quae habet in vico Judeorum nostrorum Cracoviensum in Cazimiria").

Die beiden lateinischen Zitate deutet Wyrozumska (vgl. Fußnote 2, S. 17) dahin, daß ein Teil der Juden, die in Kazimierz lebten, der Krakauer Gemeinde angehörte. Ferner besteht auch die Möglichkeit, daß sich die Zitate auf diejenigen Krakauer Juden beziehen, die sich erst nach dem Jahre 1494 in Kazimierz niedergelassen haben.

Im Jahre 1530 hat König Sigismund I. einen Juden namens Szymon von Sacz und seine Familie in Obhut genommen und warnte - aus nicht näher bekannten Gründen - die Krakauer Rabbiner („vobis doctoribus et rabbis Judeorum Cracoviensum") vor der Exkommunikation von Szymon und seinen Nachkommen.

Einen weiteren Beweis für die Existenz von zwei Gemeinden sieht Wyrozumska im königlichen Edikt aus dem Jahre 1537, in dem der König die Juden daran erinnert, daß zwecks Einnahme von Steuern die Juden von jeder Synagoge (ex „unaquae synagoga") zwei oder drei Personen zur Einschätzung der Steuerzahler zu wählen haben. In Kazimierz stand damals nur eine Synagoge.

Als im Jahre 1583 die Grenzen des jüdischen Bezirks in Kazimierz wieder erweitert werden sollten, ließen sich die Juden von Kazimierz in fünf Monate dauernden Verhandlungen mit den Stadtbehörden von Kazimierz durch die Krakauer Juden Doctor Abraham Meizels, Doctor Marek Jelen, Izaak Bogaty und Mendel Saks vertreten. Diese wurden durch den Krakauer Bezirksrat am 25. Februar 1583 als die offiziellen Vertreter der Juden von Kazimierz anerkannt.

Im Jahre 1621 haben die 'Seniores Judei Cracoviensis', nämlich Izaak Jakubowicz, Elchonen Markowicz, Lewek Markowicz und Doctor Samuel, die

---

[6] Dyplomariusz dotyczacy Zydów w dawnej Polsce (1388-1782). (poln. Dokumente betr. die Juden im früheren Polen 1388-1782). Ed. M. Bergson. Warschau 1910.

vom Krakauer Woiwoden Jan Teczynski nominiert wurden, einen Treueid auf den König abgelegt. Einen ähnlichen Eid legten im Jahre 1644 die damaligen 'seniores' der Krakauer Gemeinde ab, nämlich Izaak Jakubowicz, Mojzesz Moszel, Marek Lazarowicz und Wolf Mendelowicz.

Der Krakauer Woiwode wählte auch Kahal-Beamte (szkolnik, ministerialis judaicus), die auch einen Eid auf den König ablegen mußten. Der Text des Eides, der 1640 von Jakub Opatowczyk und Lewek Mordechaj abgelegt wurde, gibt Einsicht in ihre Pflichten. Sie wurden u.a. verpflichtet, „den Richter über alle Ausschreitungen unter den Krakauer Juden zu informieren", und „sie haben über jeden Juden, der nach Krakau kommt oder sich hier mit seinem Eigentum niederlassen will, den Richter sofort zu informieren" (M. Balaban, Bd. 1, S. 83). Bemerkenswert ist, daß Kahal-Beamte, die den Eid ablegen mußten, für die ganze Stadt Krakau zuständig waren.

Der erster Paragraph der Verordnung betrifft die jüdische Gerichtsbarkeit und wurde 1659 durch den Krakauer Woiwoden Stanislaw Potocki erlassen. Er besagt, daß „alle Gerichtsverhandlungen der jüdischen Gerichte auf einem für diese Zwecke bestimmten Platz in Krakau oder in Kazimierz abgehalten werden müssen, in Übereinstimmung mit den alten Bräuchen und Privilegien". Diese Bestimmungen, die sich wahrscheinlich an die beiden Gemeinden richteten, waren nach Wyrozumska primär für die Krakauer Gemeinde bestimmt, weil es der Syndikus des Krakauer Kahals, Aron Abrahamowicz, war, der als erster diese Verordnung im Krakauer Register unterzeichnete. Einige Dutzend Jahre später wurde diese Verordnung durch den Woiwoden Janusz Wisniowiecki ergänzt und die Gehälter der Richter neu festgelegt, die durch die Krakauer Synagoge zu bezahlen waren.

Die Hypothese hinsichtlich einer ununterbrochenen Existenz von zwei jüdischen Gemeinden muß nach Ansicht von Wyrozumska durch eine gründliche Erforschung der Dokumente der Städte Krakau und Kazimierz aus dem 16., 17. und 18. Jahrhundert erhärtet werden.

Als M. Balaban in den zwanziger Jahren des 20. Jahrunderts, als Kazimierz bereits seit über 100 Jahren zu Krakau gehörte, die Geschichte der Krakauer Juden schrieb, hat er außer acht gelassen - meint Wyrozumska -, daß bis zum Jahr 1800 Krakau und Kazimierz, durch Stadtmauern getrennt, zwei separate Städte waren, die ihre eigenen Stadträte und Verwaltungen besaßen.

Die Publikation des Forschungsinstitutes für Jüdische Geschichte und Kultur an der Jagiellonischen Universität in Krakau (vgl. Fußnote 2, S. 17), in der die Vetreibung der Juden aus Krakau im Jahre 1495 in Frage gestellt wird, liefert

Beweise für eine ununterbrochene Existenz einer - wenn auch kleinen - jüdischen Gemeinde in der Stadt Krakau.

Die Schlußzeilen der Publikation von Wyrozumska lauten: „Die Koexistenz der Juden und Christen im alten Krakau nahm verschiedene Wendungen, war jedoch nie von Widerwillen oder Haß erfüllt. Die Städter wehrten sich gegen die Geschäftskonkurrenz der Juden, diese wieder wurden öfter durch den König in Schutz genommen. Pogrome kamen vor, aber man konnte auch Stimmen der Toleranz vernehmen. In seiner Rede über die schlechten Studenten erklärte Stanislaw Skarbimierz, der erste Rektor der im Jahre 1400 wieder eröffneten Jagiellonischen Universität: „Decens est igitur ut christianus Judeo nullam inferet iniuriam - Es schickt sich nicht für einen Christen, den Juden in irgendeiner Form Schaden zuzufügen."

*

Tatsache bleibt, daß die Juden, die im Jahre 1495 aus Krakau vertrieben oder - nach der Hypothese von Wyrozumska - nicht vertrieben, sondern nach der Brandkatastrophe im Jahre 1494 in Kazimierz angesiedelt wurden, in vielen offiziellen polnischen Dokumenten aus dem 16. und 17. Jahrhundert als „Judeis nostris Cracoviensibus" oder „Judeorum Cracoviensum", d.h. weiterhin als 'Krakauer Juden' bezeichnet werden.

Eine Erklärung für diesen Sachverhalt liegt möglicherweise darin, daß Krakau mit den Vorstädten Kazimierz und Kleparz und mit wachsenden Vorstadtbezirken eine wirtschaftliche Agglomeration bildete. So waren die wirtschaftlichen Aktivitäten der in Kazimierz wohnenden Juden vorwiegend auf die Bedürfnisse der Stadt Krakau ausgerichtet.

Als gesichert darf angenommen werden, daß den Juden im Jahre 1495 das Wohnrecht zwar größtenteils entzogen, jedoch ihre Präsenz in Krakau nicht völlig aufgehoben wurde, weil sie weiterhin in Krakau Geschäfte mieten und führen durften.

Bedenkt man ferner, daß die Strecke zwischen dem Königsschloß Wawel in Krakau und der Altschul- oder Remu-Synagoge in Kazimierz zu Fuß in 20 bis 30 Minuten zurückgelegt werden kann, wird verständlich, daß die Juden von Kazimierz sich nicht völlig von der Stadt Krakau trennen ließen.

So entnimmt man aus den alten Akten, daß es trotz Protesten der christlichen Kaufleute und Handwerker den Juden immer wieder gelungen ist, kollektive Bewilligungen für die Tätigkeit im Kleinhandel in der Stadt Krakau zu erhalten, z.B. durch ein königliches Edikt im Jahre 1576.

Individuelle Aufenthaltsbewilligungen wurden auch reichen jüdischen Handwerkern, Kaufleuten und Bankiers erteilt, die als 'Königsdiener' ('servitores regis') der städtischen Administration und Jurisdiktion entzogen waren. Viele Verkaufsläden im Zentrum der Stadt Krakau waren fast zwei Jahrhunderte lang im Besitz von Juden, die sich während des Tages in der Stadt aufhalten durften.

Erst im Jahre 1802, bereits nach der Eingemeindung von Kazimierz anno 1800, wurden die Juden auf Anordnung der österreichischen Behörden gezwungen, ihre Geschäfte (gegebenenfalls auch Wohnungen) gänzlich zu räumen und in den jüdischen Wohnbezirk zu verlegen. Aber bereits im Jahre 1818 wird im § 23 des „Jüdischen Statuts der Freien Stadt Krakau" (Krakauer Republik 1816-1846) den Juden gestattet, sich außerhalb der Grenzen der „jüdischen Stadt" anzusiedeln, sofern sie sich „europäisch" kleiden und ihre Kinder in die öffentlichen Schulen schicken. 1822 wurden die Mauern der „jüdischen Stadt" auf Anordnung des Senats der Krakauer Republik zerstört, trotz Protesten der jüdischen Gemeinde, welche aus Sicherheitsgründen die Mauern behalten wollte. 1867 erlangten die Juden aufgrund der neuen Verfassung die vollen Bürgerrechte und somit die uneingeschränkte Niederlassungsfreiheit.

Die ständigen Versuche der Juden, sich in der Stadt anzusiedeln, wurden nicht nur von den Krakauer Bürgern erfolglos bekämpft; auch ein 'Cherem' (Bann), der in den Jahren 1806 und 1812 durch die Rabbiner in der Altschul über diejenigen Juden verhängt wurde, die außerhalb des jüdischen Wohnbezirks in Kazimierz ihren Wohnsitz nahmen, verfehlte seine Wirkung.

So bleibt es unbestritten, daß ein großer Teil der jüdischen Bevölkerung Krakaus im Jahre 1495 unter dem Druck der Kirche und der Krakauer Bürger nach Kazimierz übersiedelte und dort eine der ältesten und größten jüdischen Gemeinden Mitteleuropas gründete. Die Beantwortung der Frage, ob im 16. bis zum 18. Jahrhundert in Krakau eine zweite organisierte Gemeinde mit einer Synagoge existierte, bleibt weiteren Forschungen vorbehalten.

3. Die Judenstadt im Krakauer Kazimierz

Der König Kazimierz Wielki (Kasimir III. der Große, 1333-1370), ist in die Geschichte der Juden Polens als den Juden freundlich gesinnter König eingegangen. Unter seiner Herrschaft setzte die große Einwanderung der Juden nach Polen ein, vor allem aus Deutschland.

Der König - wird berichtet - hat die Stadt Krakau und ihre Bürger, mit denen er ständig Konflikte austragen mußte, nicht gern gehabt. So gründete er im Jahre 1335 die Satellitenstadt Kazimierz als „de novo incepimus locandum".

Nach den Angaben des Historikers Jan Dlugosz wollte der König in Kazimierz eine neue Universität gründen, wobei die hierfür erforderlichen Bauten teilweise errichtet wurden. Auf ihrer Mission beim Papst Urban V. in Avignon im Jahre 1350 erwirkten die weltlichen und geistlichen Abgesandten des Königs gegen das Versprechen der Errichtung mehrerer Kirchen in der neu gegründeten Stadt Kazimierz nebst der Bewilligung der Universitätsgründung auch die Aufhebung des päpstlichen Bannes, der über den König nach der Ermordung des Priesters Baryczka verhängt worden war.

„Diese Hochschule erlitt jedoch nach dem Tod des Königs Kasimir Mißerfolge; ihre Gründung und Ausrüstung wurden nicht verwirklicht", schrieb der Historiker Jan Dlugosz im dritten Band seiner 'Geschichte Polens'. Die Königin Jadwiga, Frau König Wladyslaws II. Jagiello, vermachte ihren Goldschmuck der Universität und bestimmte, daß dafür die jüdischen Häuser in der Hl.-Anna-Straße zur Errichtung des Studium Generale gekauft werden sollen. So behielt Krakau die im Jahre 1364 durch König Kazimierz Wielki gegründete Universität, welche im Jahre 1400 durch seinen Nachfolger, den König Wladyslaw II. Jagiello (1386-1434), auf dem Areal des ursprünglichen jüdischen Wohnbezirks ausgebaut wurde, den die Juden im Jahre 1468 auf Betreiben von Jan Dlugosz räumen mußten.

Als die Juden im Jahre 1495 die Stadt Krakau verlassen mußten, um sich in Kazimierz anzusiedeln, bezogen sie dort die Häuser „hinter der Mauer, neben der Kirche des Heiligen Wawrzyniec, wo Häuser für das Kollegium und für die Lektoren der Universität durch Kasimir III. den Großen, Polens König, errichtet wurden." So genau lokalisierte der polnische Chronist Maciej aus Miechów, genannt Miechowita in Cronica Polonarum (Krakau 1521), den Standort des neu entstandenen jüdischen Wohnbezirks in der Stadt Kazimierz.

Mehrere Kirchen, deren Bau König Kasimir III. (der Große) Papst Urban V. versprochen hatte, wurden in Kazimierz errichtet und stehen, zum Teil modernisiert, noch heute in der unmittelbaren Nähe des ursprünglichen und in der Mitte des später erweiterten jüdischen Wohnbezirks.

Eine Universität war also in Kazimierz nicht entstanden. Dafür aber wurde auf dem für die Universität vorgesehenen Areal und möglicherweise in einem der entsprechenden Gebäude um das Jahr 1500 die erste Jeschiwá in Polen gegründet, und zwar durch Rav Jacob ben Joseph Polak (1460, gest. nach 1522), der im Jahre 1503 durch König Alexander (1461-1506) zum ersten Oberrabiner der polnischen Juden ernannt wurde.

Als erste talmudische Autorität Polens führte er eine neue Talmudstudium-Methode ein, genannt „Hillukim", und wurde als 'Avi ha-Hillukim' bekannt. Die Methode beruht auf der Gliederung, Analyse und Wiederzusammensetzung von Satzbestandteilen und wird als Vorläufer des 'Pilpul' - 'Pfeffer', eines Systems der scharfsinnigen Analyse der Talmudtexte angesehen.

Eine Volkssage, wonach sich der Sitz dieser ersten Jeschiwa im Gebäude der Altschul befand und das Altschulgebäude ein Teil des von König Kazimierz erstellten Universitätskomplexes war, entbehrt der historischen Grundlagen; auch die Architektur der Altschul spricht dagegen.

Zum berühmtesten Rektor der Krakauer Jeschiwa wurde Moses Isserles, bekannt unter dem Acronym 'Remu' oder 'Rema' (1520 oder 1525-1572), der die Jeschiwa in der zweiten Hälfte des 16. Jahrhunderts 20 Jahre lang leitete.

Noch im Jahr 1385 lebten in Kazimierz nur zwei jüdische Familien. Aber bereits im Jahre 1389 wird in den Stadtbüchern von Kazimierz über Schwierigkeiten bei der Errichtung von 'Valva Judeorum' - des 'Jüdischen Tors' - berichtet, was auf eine rasche Zunahme der jüdischen Bevölkerung und ihre Ausgrenzung in der Stadt Kazimierz hinweist.

Die älteste 'Kupa' von Kazimierz (Synagogen-Sammelbüchse) trägt das Datum des Jahres 1407. Im Jahre 1485 wird das 'Balneum Judeorum' ('Mikwe') erwähnt, und aus dem Jahre 1488 stammen die Angaben über den 'Circulus Judeorum', den jüdischen Marktplatz in Kazimierz. Bis zur Ankunft der Juden aus Krakau im Jahre 1495 liegen jedoch nur spärliche Quellenangaben über die Juden in Kazimierz vor.

Die räumliche Entwicklung eines autonomen jüdischen Bezirks in Kazimierz erfolgte in drei Etappen. Aus dem Jahre 1553 stammt ein Kaufvertrag, abgeschlossen zwischen der Stadt Kazimierz und der jüdischen Gemeinde, in welchem die Trennung der jüdischen Stadt von dem durch die Christen bewohnten Stadtteil durch stadtinterne Mauern mit drei Toren erwähnt wird. Das Areal wurde durch den Kauf weiterer Häuser und Parzellen in den Jahren 1583 und 1608 erweitert.

Zu keinem Zeitpunkt in der Geschichte von Kazimierz konnte jedoch eine völlige Trennung der christlichen und jüdischen Bevölkerung realisiert werden. So gelangten die Juden öfter in den Besitz von Häusern außerhalb des ihnen zugewiesenen Wohnareals.

Andererseits siedelten sich im jüdischen Bezirk Christen an, so daß auf Ersuchen der Juden, die sich über Platzmangel beklagten, im Jahre 1564 König

Zygmunt August (Sigismund II. August 1529-1572) der jüdischen Gemeinde ein einzigartiges Privileg „de non tolerandis christianis" erteilte.

In der jüdischen Stadt in Kazimierz lebten der zweiten Hälfte des 16. Jahrhunderts etwa 2'000 Juden. Ihre Zahl wuchs in der ersten Hälfte des 17. Jahrhunderts auf ca 4'500 an. Zur gleichen Zeit wohnten in Kazimierz auf einem Areal, dessen Fläche fünf mal größer war als die des jüdischen Bezirkes, etwa 5'000 Christen.

Im Immobiliensteuer-Register des jüdischen Bezirks aus dem Jahr 1653, der in den Akten öfters als die 'Jüdische Stadt' bezeichnet wird, werden nebst einem jüdischen Rathaus sechs Synagogen, fünf als 'hospitalia Judeorum' bezeichnete Gebäude, zwei Türme und 188 Wohnhäuser (davon 67 Stein- und 121 Holzbauten) aufgezählt. Aus dem gleichen Steuerregister geht hervor, daß die Steinbauten den reichen Juden gehörten, nämlich den Kaufleuten und Bankiers, den Ärzten (Lasar der Doktor, Samuel der Doktor), dem Rabbiner (damals Joshua Heschel) und den Schankwirten (Josef der Schnapswirt und Szaja der Bierwirt).

Aus dem 16. und 17. Jahrhundert stammen die ältesten Häuser in der jüdischen Stadt, an deren Bau italienische Architekten mitwirkten. Eine Eintragung in den Stadtbüchern aus dem Jahre 1536 erwähnt einen Bauvertrag, abgeschlossen zwischen einem Krakauer Juden Jonas ben Abraham und den italienischen Architekten Giovanni Cina aus Sienna und Filip aus Fiesole bei Florenz. Das Haus des jüdischen königlichen Münzenprägers Felix wurde auch durch italienische Architekten erstellt. Als Architekten, die damals für die Juden in Kazimierz Häuser bauten, werden Tomas und Antonio Moroso genannt.

Die 'Altschul', die älteste noch bestehende Synagoge in Polen, aller Wahrscheinlichkeit nach in der zweiten Hälfte des 14. Jahrhunderts erstellt, wurde nach dem Brand im Jahre 1557 durch Matteo Gucci aus Florenz in gotischem Stil wieder aufgebaut. In der im Barockstil im Jahre 1640 erstellten Ajzyk-(Isaac)-Synagoge stammen die Innenstukkaturen aus der Werkstatt des italienischen Stukkateurs Giovanni Battista Falconi.

Mit der Schweden-Invasion Polens in den Jahren 1655-1657 (beschrieben im historischen Roman 'Die Sintflut' vom polnischen Literatur-Nobelpreisträger Henryk Sienkiewicz, 1846-1916), bei der viele Juden in Krakau ermordet und etwa 60 Häuser in der jüdischen Stadt zerstört wurden, ging das 'goldene Zeitalter' der reichen jüdischen Gemeinde zu Ende.

Der Wiederaufbau der schwerbeschädigten Stadt durch die noch verbliebenen verarmten Juden, die - von den Polen der Kollaboration mit den Schweden beschuldigt - mit einer hohen Kontribution belegt wurden, erfolgte nur sehr zögernd.

Einen Bevölkerungszuwachs gab es zwar noch in der zweiten Hälfte des 18. Jahrhunderts: Mit 4138 Einwohnern im Jahre 1796 zählte die jüdische Stadt jedoch weniger Einwohner als vor der schwedischen Invasion.

Seit dem Bau der letzten der sechs sogenannten 'Großen Synagogen', nämlich der Ajzyk-Synagoge im Jahre 1640, wurden in den folgenden zwei Jahrhunderten im jüdischen Kazimierz keine bedeutenden Gebäude mehr erstellt. Die Bautätigkeit beschränkte sich auf die nötigsten Arbeiten zur Erhaltung der noch verbliebenen Bausubstanz und auf die Verbesserung der sanitären Verhältnisse.

Erst nach der Eingemeindung von Kazimierz unter Aufhebung aller stadtinternen Schranken im Jahre 1800 setzte die Bautätigkeit in dem jetzt zum jüdischen Wohnbezirk der Stadt Krakau gewordenen Kazimierz wieder ein.

Mit der fortschreitenden Emanzipation, Laisierung und Assimilation im 19. Jahrhundert verließen immer mehr, vor allem wohlhabende Juden, den jüdischen Wohnbezirk. Wer ein Kapital von 50'000 Zloty besaß, die polnische Sprache beherrschte, die Kinder in eine städtische Schule schickte und die traditionelle jüdische Tracht ablegte, durfte bereits in den Jahren 1815-1846 in der Freien Republik Krakau außerhalb des jüdischen Wohnbezirks wohnen.

Im jüdischen Wohnbezirk Kazimierz verblieben in der Nähe ihrer alten Synagogen nur die orthodoxen Juden und der ärmere Teil der jüdischen Bevölkerung. Bis zum Jahre 1939 behielt jedoch Kazimierz seine Bedeutung als Zentrum des jüdischen Gesellschafts- und Kulturlebens von Krakau, auch für diejenigen Juden, die außerhalb des jüdischen Wohnbezirks wohnten.

Es verblieben dort - außer den sechs mittelalterlichen sog. 'Großen Synagogen' - der Sitz der städtischen jüdischen Gemeindeverwaltung ('Kahal'), das jüdische Spital, das jüdische Theater, die hebräischen Schulen und Gymnasien.

Zum Synonym der Trennung zwischen der alten und der neuen Zeit sowie der tiefgreifenden Veränderungen in den sozialen und religiösen Strukturen der Krakauer Juden wurde die an der früheren Grenze der jüdischen Stadt im Jahre 1862 errichtete erste Reformsynagoge ('Synagoga postepowa') Polens, genannt 'Tempel', der im Jahre 1844 gegründeten Gemeinde der progressiven Juden ('Zydzi postepowi').

4. Die jüdische Gemeindeorganisation

Eine autonome jüdische Jurisdiktion wird in den alten Akten erstmals 1412 erwähnt, und im gleichen Jahr wird über die Ernennung eines königlichen Sekretärs berichtet als „iudex protunc Judeorum Cracoviensum", Richter der Krakauer Juden in Verfahren, an welchen Juden und Christen beteiligt waren. Jüdische Gerichtsbücher ('Libri judiciales Judeorum') werden im Jahre 1424 erwähnt. Eine jüdische Gemeindeverwaltung mit vier oder fünf Gemeindeältesten ('seniores') wird in den Stadtakten 1465 aufgeführt und die Jüdische Gemeinde als „Judei et tota communitas de Cracovia" (1465) und „communitas Judeorum in Cracovia" (1469) bezeichnet.

Nach der Beilegung des Streites zwischen dem Krakauer Rabbiner Aszer Lemel und dem tschechischen Rabbiner Perec durch ein Edikt des Königs Zygmunt des Alten (Sigismund I.) im Jahre 1519 und nach dem Tod der beiden Kontrahenten (um 1532) übernahm das Amt des Rabbiners der jetzt geeinten Gemeinde der Krakauer Arzt und Rabbiner Dr. Mojzesz Fiszel.

Einen finanziellen Hintergrund hatte der Konflikt zwischen den Krakauer Juden und den zu Beginn des 16. Jahrhunderts ankommenden sephardischen Juden aus Spanien, Portugal und Italien. Unter ihnen waren Bankiers, Apotheker und Ärzte, die im Dienste der polnischen Könige standen, als 'servitores regis' von den Königssteuern befreit waren und die Steuerfreiheit auch bei der jüdischen Gemeinde beanspruchten.

Nach zahlreichen Interventionen der 'Seniores' der jüdischen Gemeinde ordnete im Jahre 1563 König Sigismund (Zygmunt) II. August die Zahlung der Steuern zugunsten der jüdischen Gemeinde auch durch die wohlhabenden sephardischen Juden an. Somit entstand die geschichtlich bemerkenswerte Situation, daß die von Staats(Königs)steuern befreiten Juden vom König zur Bezahlung von Steuern an die jüdische Gemeinde gezwungen wurden.

Nachdem die Konflikte überwunden waren, die durch das Zusammenleben von Juden verschiedener Herkunft in der dicht besiedelten jüdischen Stadt entstanden, entwickelte sich die jüdische Gemeinde Krakaus in Kazimierz zu einer der berühmtesten und reichsten Gemeinden Europas im 16. und in der ersten Hälfte des 17. Jahrhunderts.

Nach der Erweiterung des Areals der jüdischen Stadt in Kazimierz in den Jahren 1583 und 1608 lebten dort in der ersten Hälfte des 17. Jahrhunderts mehr als 4'000 Juden, darunter nach polnischen Quellenangaben 72 in jüdischen Zünften organisierte Handwerker (Drucker, Goldschmiede, Kürschner, Schneider und Metzger).

Nach der schwedischen Invasion und einer weitgehenden Zerstörung der jüdischen Stadt im Jahre 1655 verarmte die jüdische Gemeinde, und die Zahl ihrer Einwohner nahm stark ab. Erst im 19. Jahrhundert wuchs die jüdische Bevölkerung sprunghaft an und stellte mit 25'670 Einwohnern im Jahre 1900 28% der Wohnbevölkerung der Stadt Krakau dar.

*

Die sich in Europa im 16. Jahrhundert ausbreitende Reformation brachte die katholische Kirche Polens in arge Bedrängnis und veranlaßte im Jahre 1523 König Sigismund I. zur Herausgabe eines scharfen Ediktes gegen das Luthertum. Von den verschärften Maßnahmen gegen „Ketzer und Andersgläubige" wurden wieder einmal auch die Juden betroffen, die der Judaisierung von Christen beschuldigt wurden.

Historisch verbürgt ist die Verbrennung der reichen Witwe Katharina Weigel-Zaluszkowa im Jahre 1539, die von der Kirche angeklagt war, sich zum Judentum zu bekennen. Überliefert hat dieses Ereignis der polnische Chronist Lukasz Górnicki in seiner 'Geschichte der Polnischen Krone' ('Dzieje w Koronie Polskiej') aus dem Jahre 1637.

Mit Beginn des 16. Jahrhunderts erfaßte der Geist der Renaissance die Stadt Krakau und ihre Universität, die sich den Kanones der Kirche zu entziehen suchte. So wurden im Jahre 1528 nebst Griechisch auch Hebräisch als Studienfach eingeführt. In der ersten Hälfte des 16. Jahrhunderts setzte sich an der Jagiellonischen Universität allmählich das neue Weltbild des Nikolaus Kopernikus durch. Der neue Geist, der sich an der Krakauer Akademie ausbreitete, blieb nicht ohne Einfluß auf das geistige und kulturelle Leben der Krakauer Juden, ihrer Seniores (Gemeindeältesten) und Rabbiner.

Die weitgehende Autonomie der jüdischen Stadt Kazimierz, die Beziehungen der prominenten Krakauer Juden zum Königshof und der - wenn auch nicht immer wirksame - Schutz, den die polnischen Könige den Juden oft gewährten, hatten zur Folge, daß die Juden in Krakau den direkten Angriffen der Kirche und des Bürgertums weniger stark ausgesetzt waren als in anderen Teilen Polens.

Die Krakauer Rabbiner und Seniores standen in engem Kontakt mit vielen jüdischen Gemeinden Polens und des Auslands. Durch ihre Nähe und die Beziehungen zum Königshof konnten sie den in Krakau eintreffenden Vertretern der jüdischen Gemeinden bei ihren Vorsprachen am Königshof oft mit Rat und Tat helfen.

Die Krakauer Rabbiner und Seniores herrschten nicht nur über die Juden Krakaus, sondern übten ihre Herrschaft auch über die Juden von 'Kleinpolen' ('Malopolska') aus. Sie nahmen im 'Rat der Vier Länder' ('Waad Arba Arzot') zusätzlich die Interessen dieser Region wahr. Dieser Rat war in den Jahren 1580-1764 Hauptorgan der jüdischen Selbstverwaltung in Polen und Litauen

Die Aufgaben dieses jüdischen Parlaments, das regelmäßig zweimal im Jahr zuerst in Lublin und später auch in Jaroslaw tagte, umfaßten nebst der Abrechnung mit dem Königshof und der damit verbundenen Besteuerung der jüdischen Gemeinden die Regelung der Fragen bezüglich Wirtschaft, Erziehung, Kultus und Justizwesen, Sicherheit und Verwaltung der jüdischen Gemeinden.

Die Vereinheitlichung der Verwaltung der jüdischen Gemeinden Polens und Litauens, die an der Wende des 16. zum 17. Jahrhunderts durch den 'Waad Arba Arzot' beschlossen wurde, erfolgte durch die Annahme der Statuten der Jüdischen Gemeinde Krakaus aus dem Jahre 1595, der ältesten Urkunde dieser Art in Europa.

Dieser Kodex, ergänzt in den Jahren 1604 und 1610, umfaßte 107 Paragraphen, verfaßt in jiddischer Sprache auf 110 Seiten. 89 Seiten dieser Statuten befanden sich noch im Jahre 1939 in den Archiven der Jüdischen Gemeinde Krakaus.

Die Statuten umfaßten die Beschreibung des Justizwesens, der Pflichten der Seniores und der Gemeindebeamten, der Tätigkeit der Synagogenverwalter und der Wohlfahrtsausschüsse. Im einzelnen dargelegt waren die Vorschriften bezüglich aller Gebiete des sozialen und wirtschaftlichen Lebens der damaligen Jüdischen Gemeinde Krakaus.

Gewählt wurde die jüdische Gemeindeverwaltung, die aus 23 Mitgliedern (Mitgliedszahl des kleinen Sanhedrins) bestand, durch die 50 reichsten Juden der Stadt. Die Gemeindeverwaltung setzte sich zusammen aus vier 'Raschim' (Gemeindeälteste oder Seniores), fünf 'Tovim' (Notabeln), und 14 'Kroej-Ejda' (Gemeinderäte). Die Besonderheit dieses Gremiums bestand in der Funktion des 'Parnas Hachodesch', eines Gemeindevorsitzenden für die Dauer eines Monats, welcher turnusgemäß durch die vier Raschim ausgeübt wurde.

In Abweichung vom streng halachischen Prinzip wurde ein hierarchisches System eines Dreikammergerichtes eingeführt, wobei die Zuständigkeit der Kammern u.a. vom Streitwert abhängig war.

Mit der Annexion Krakaus durch Österreich im Jahre 1795 erfuhr die Organisation und die Nomenklatur der jüdischen Gemeindeverwaltung im Zuge der von den Österreichern praktizierten Germanisierung eine Änderung.

Fünf Gemeindevorsteher - so wurden sie jetzt genannt - standen der Gemeinde vor. Ihre Funktionen umfaßten u.a. die Belange der Synagogen und der Sozialfürsorge, den Einzug der Staatssteuern und die Bereitstellung von jüdischen Rekruten für die österreichische Armee.

Seit 1800 wurde bei der Wahl der Gemeindevorsteher die Ausübung des aktiven und passiven Wahlrechtes von der Bezahlung der sog. 'Kerzensteuer' abhängig gemacht. Eine Steuer auf mindestens sieben Kerzen pro Woche mußte für das passive Wahlrecht bezahlt werden, und Steuern auf mindestens acht Kerzen pro Woche mußte derjenige entrichten, der als Mitglied des Gemeindevorstands kandidieren wollte.

Diese den ärmeren Bevölkerungsteil stark belastende Kerzensteuer hatte zur Folge, daß sich die soziale Herkunft der Wähler und der Vorstandsmitglieder im Laufe der Jahrhunderte nicht veränderte. Waren im Jahre 1595 auf Grund der damaligen Gemeindestatuten nur die 50 reichsten Juden wahlberechtigt, so wurden bei der Wahl der fünf Gemeindevorsteher im Jahre 1807 nur 40 Stimmen von Juden gezählt, die willens und in der Lage waren, die hohe Kerzensteuer zu entrichten.

Die Organisation der jüdischen Gemeindeverwaltung erfuhr noch einmal eine Änderung zur Zeit der Krakauer Republik (1815-1846), die nach dem Wiener Kongreß errichtet wurde. Der fünfköpfige Gemeindevorstand wurde durch ein Komitee für Jüdische Angelegenheiten unter Leitung eines christlichen Beamten der Stadtverwaltung ersetzt. Die zentrale Figur des Komitees war ein Rabbiner, der die deutsche oder die polnische Sprache beherrschen mußte. Zuerst zwei, später vier Delegierte, die durch die Steuerzahler der höchsten Kategorie gewählt wurden, vervollständigten das Gremium. Das Jahresbudget des Komitees mußte durch den Senat der Krakauer Republik ratifiziert werden. Der Einzug der Staatssteuern erfolgte jetzt direkt durch die Staatsorgane.

Einen Aufstand der Juden gegen die hohen direkten Steuern und die Konsumsteuern sowie das oligarchische System der Gemeindeverwaltung gab es im Jahre 1848, nachdem die Krakauer Republik wieder unter die österreichische Herrschaft gekommen war. Die Juden stürmten das Gebäude des Komitees und verlangten öffentlichen Zutritt zu den Beratungen der Gemeindeverwaltung. Sie forderten die Abschaffung der Koscherfleischsteuer und deren Ersatz durch Steuern auf koscheres Geflügel, das vorwiegend von den reichen Juden konsumiert wurde. Zu ihren weiteren Forderungen gehörte die Reduktion der Bezüge der Gemeindefunktionäre, die Übertragung der Verwaltung des Spitals von der 'Chewra Kadischa' (Beerdigungsverein) auf die Organe des Komitees und die Abschaffung aller Privilegien der Oligarchie.

Nach der Erlangung der vollen Bürgerrechte und der Niederlassungsfreiheit aufgrund der neuen österreichischen Verfassung im Jahre 1867 wurde die auf das Mittelalter zurückgehende, zeitweise völlig autonome jüdische Gemeindeverwaltung aufgehoben und durch einen Religionsrat der Israelitischen Gemeinde der Stadt Krakau ersetzt, der sowohl in der jiddischen als auch in der polnischen Sprache kurz 'Kahal' genannt wurde. Das alle drei Jahre neu gewählte Gremium setzte sich zuerst aus 24, dann aus 30 Mitgliedern zusammen und wurde durch einen Präsidenten und zwei Vizepräsidenten geleitet.

Nachdem das oligarchische System der Gemeindeverwaltung völlig abgeschafft war, versuchten die von den orthodoxen und den chassidischen Juden als Assimilanten und Abtrünnige angesehenen 'Maskilim' (Aufklärer) und die Intelligenzija einen stärkeren Einfluß im Religionsrat zu gewinnen.

Damit verwandelte sich die neu gegründete Institution des Kahals in ein Forum der Diskussionen, der Auseinandersetzungen und der Kompromisse zwischen Juden unterschiedlicher religiöser Observanz.

In der zweiten Hälfte des 19. Jahrhunderts nahm der Einfluß der chassidischen Gruppen bei den Wahlen zum Kahal zu, wobei jedoch die Dominanz der traditionell-orthodoxen, nicht chassidischen Juden einstweilen noch erhalten blieb.

Andererseits versuchte seit Mitte des 19. Jahrhunderts die sich durch 'Progressive Juden' (poln. 'Zydzi Postepowi') konstituierte Reformbewegung der streng orthodoxen Führung des Kahals entgegenzuwirken. Nach wie vor blieben jedoch der Rabbiner, jetzt Rabbiner von Groß-Krakau, und der Präsident die zentralen Personen des Kahals.

Der Religionsrat der Israelitischen Gemeinde Krakaus ('Kahal') befaßte sich ausschließlich mit religiösen Fragen, trotz der Bemühungen der immer stärker werdenden zionistischen Kreise, nationaljüdische und politische Elemente in die Struktur und Aktivitäten des Religionsrates einzubringen. Der Kahal hat die autonome Vertretung der religiösen und sozialen Belange der jüdischen Bevölkerung behalten; die Regelung ihrer politischen und nationalen Angelegenheiten wollten die Krakauer Juden dem Kahal nicht übertragen.

Eine volle Demokratisierung des Wahlsystems und die gleichzeitige Gründung eines 'Polnischen Religionsvereins Mosaischen Glaubens', dem die größeren jüdischen Gemeinden Polens als Korporationen beigetreten sind, erfolgte im Jahre 1927. Die Organisation des Krakauer Kahals diente als Modell für die Gemeindeverwaltungen der kleineren Gemeinden in Galizien, und später übernahm der Krakauer Kahal die Repräsentationsfunktionen und die Interessenvertretung von Juden des früheren Galizien bei den polnischen Behörden.

Die Organisation des Religionsrates (Kahal) mit ihren Abteilungen, Sektionen und Kommissionen wurde den Bedürfnissen der immer größer werdenden jüdischen Bevölkerung Krakaus angepaßt. Die neuen Statuten des Kahals enthielten die genaue Umschreibung der Aufgaben seiner Funktionäre.

Die Aufgaben des Rabbiners, der vorerst noch die zentrale Figur des Religionsrates blieb, umfaßten die Aufsicht über die Gottesdienste in den Synagogen, die Predigten, die er selber hielt oder später an Prediger delegierte, und den Vorsitz im 'Beth-Din' (religiöses Gericht), das sich ausschließlich mit religiösen Fragen zu befassen hatte. Zu seinen Aufgaben gehörte ferner die Aufsicht über den Religionsunterricht und die Verantwortung für die Führung der Bücher des jüdischen Standesamtes, das die Stadtverwaltung der alleinigen Kompetenz des Jüdischen Religionsrates übertragen hatte.

Mit der fortschreitenden Emanzipation, mit der Laisierung des jüdischen Lebens und dem wachsenden Einfluß der Intelligenzija, d.h. der Juden mit akademischer Bildung, nahm der Widerstand gegen die orthodoxe Führung des Kahals zu. Dies um so mehr, als in der Kompetenz des Kahals auch die Organisation und Aufsicht über den Religionsunterricht für jüdische Schüler sogar in den staatlichen, öffentlichen Schulen und die allgemeinen Sozialaufgaben lagen (z.B. Führung und Unterhalt des jüdischen Spitals). Finanziert wurden diese Aufgaben durch die 'Kultussteuer'. Die Errichtung von gemeinnützigen Bauten (Spital, Waisenhäuser, Studentenheim, Schulgebäude und Synagogen) wurde durch reiche Kaufleute und Industrielle großzügig finanziert.

Der Widerstand gegen die orthodoxe Führung des Kahals nahm konkrete Formen an nach der Eröffnung der ersten Reformsynagoge in Polen durch den 'Verein der Progressiven Juden in Krakau' im Jahre 1844. In den Jahren 1860-1862 wurde die Reformsynagoge in Krakau, 'Tempel' genannt, neu erbaut. Zusammengesetzt aus zwei Fraktionen unter dem Namen 'Schomer Israel' (deutschsprachig orientierte Fraktion) und 'Agudat Achim' (polnisch orientierte Fraktion) bezweckten die 'Progressiven Juden', den Einfluß der Orthodoxie in der jüdischen Gemeindeverwaltung einzuschränken, den Stadtrabbiner der Gemeindeverwaltung zu unterstellen und ihm den Status eines Gemeindebeamten zu verleihen.

Die Amtszeit (1832-1854) des Rabbiners Dov-Berush Meizels (1798-1870) war gekennzeichnet durch scharfe Auseinandersetzungen zwischen dem traditionell-orthodoxen und dem chassidischen Teil der jüdischen Bevölkerung Krakaus. Rabbiner Meizels war ein Nachkomme des berühmten Remu und seit 1848 der erste jüdische Abgeordnete im österreichischen Parlament. Als vermögender Bankier und polnischer Patriot hatte er zwei polnische Aufstände gegen das zaristische Rußland aktiv unterstützt. Gewählt wurde Dov-Berush Meizels im Jahre 1832 gegen den Widerstand der chassidischen Gruppen, die den ersten chassidischen Rabbi in Krakau, Samuel Rafael Landau (Anhänger des Bobower Rebben) als Gegenkandidaten aufstellten. Die Chassidim haben die Wahl von Rabbiner Meizels nicht anerkannt, boykottierten den offiziellen Kahal und errichteten mit Rabbi Landau als 'Rosch Beth-Din' ihr eigenes 'Beth-Din'. Einig waren sich jedoch die Chassidim und die nicht chassidische Orthodoxie in ihrem Kampf gegen die Intelligenzija, die 'Maskilim', und gegen den 'Verein der Progressiven Juden'.

Nach dem Tod von Samuel Rafael Landau im Jahre 1854 und dem Wegzug von Dov-Berush Meizels nach Warschau, wo er im Jahre 1856 zum Stadtrabbiner berufen wurde, gelang es den Chassidim im Jahre 1861, die Wahl von Simon Sofer-Schreiber (1820-1883) als Rabbiner von Krakau durchzusetzen. Er entstammte einer ultraorthodoxen ungarischen Rabbinerdynastie, war der Sohn des berühmten Mosche-Chatam-Sofer-Schreiber aus Preßburg (Bratislava) und wurde im Jahre 1878 als Abgeordneter in das österreichische Parlament gewählt. Zusammen mit den Belzer und Sanzer Chassidim gründete er die Kampforganisation 'Mahzike-Hadat', welche die Verteidigung des thoratreuen Judentums in Galizien gegen alle Reformbewegungen zum Ziel hatte.

Zum Eklat kam es, als Rabbi Simon Sofer-Schreiber dem Verband der Progressiven Juden einen rein formellen Unterstützungsbeitrag aus dem Budget des Kahals entziehen wollte und dem Reformrabbiner in Krakau, Dr. Simon Dankowitsch, einem Absolventen der Jagiellonischen Universität, der seine Predigten in polnischer Sprache hielt, das Recht auf Durchführung von Trauungen im Tempel verweigerte.

Die 'Progressiven Juden' bildeten zwar eine Minderheit der Krakauer jüdischen Bevölkerung, waren jedoch sehr aktiv, besonders auf den Gebieten der Politik und der Erziehung. Drei Vertreter der Progressiven Juden wurden in das Parlament Galiziens gewählt, und einer von ihnen, Dr. Simon Samuelson, wurde im Jahre 1867 zum Präsidenten der Krakauer Sektion der 'Alliance Israelite Universelle' ernannt. Ein Teil der traditionellen Orthodoxie (nicht die Chassidim) unterstützte aktiv die Bestrebungen der Progressiven, die Erziehung in den jüdischen Schulen zu modernisieren. Im ersten Religionsrat der Israelitischen Gemeinde Krakaus (Kahal) mit seinen 30 Mitgliedern waren im Jahre 1867 die Progressiven Juden nur mit zwei Ratsherren vertreten. Zum Präsidenten des Kahals wurde jedoch der angesehene Dr. Samuelson gewählt, damals Vorsitzender des Verbandes der Progressiven Juden.

Nach dem Tode von Simon Sofer-Schreiber im Jahre 1883 gelang es den Progressiven, die Wahl eines orthodoxen Stadtrabbiners zu verhindern, trotz Protesten der Orthodoxen und der Chassidim. Rabbi Akiba Kornitzer wurde nur als 'Rosch Beth-Din' eingesetzt; die Rabbinatsfunktionen wurden an sechs 'Dajanim' (Richter) übertragen. Unter dem Vorwand ungenügender Qualifikationen sowie nicht erfüllbarer Gehaltsforderungen der Kandidaten konnten die Progressiven Juden die Wahl eines ihnen nicht genehmen orthodoxen Stadtrabbiners, der statuarisch mit weitgehenden Kompetenzen ausgestattet war, mehrmals verhindern.

Diese Obstruktion gelang den Progressiven aus zwei Gründen. Der erste Grund lag in der Uneinigkeit der orthodoxen Gruppierungen. Die Chassidim, die in Krakau zweimal (1786 und 1797) mit dem 'Cherem' (Bannfluch) belegt wurden und erst in der Mitte des 19. Jahrhunderts - vor allem in den ärmeren Bevölkerungsschichten - Fuß fassen konnten, wurden von der traditionellen Krakauer Orthodoxie bekämpft, deren Vertreter im Geist von Remu erzogene 'Mitnagdim' (Gegner des Chassidismus) waren. Die Chassidim selbst waren gespalten in die Anhänger der Belzer, Bobower und Aleksandrów-Zaddikim sowie der am Ende des 19. Jahrhunderts hinzugekommenen Anhänger der Gerer und Radomsker Rebbes.

Ausschlaggebend jedoch für die zunehmende Vormachtstellung der Progressiven im Kahal war - trotz demographischer Unterlegenheit - das polnische Kuriatstimmwahlrecht, das auch für die Wahlen in den Kahal verbindlich war. Nach diesem Wahlrecht mußten im Kahal Juden aus allen Wohnbezirken Krakaus vertreten sein. Aus geschichtlichen und traditionellen Gründen waren die orthodoxen und die chassidischen Juden weitgehend im dicht besiedelten jüdischen Wohnbezirk Kazimierz konzentriert (um das Jahr 1930 lebten dort etwa 40 bis 45% der Juden Krakaus). Die traditionellen, aber nicht orthodoxen, und die Progressiven Juden wohnten praktisch in allen Wohnbezirken der Stadt Krakau, die im Kahal vertreten sein mußten. Mit Hilfe dieser traditionellen Juden, die gegen die Orthodoxie stimmten, erlangten die Progressiven eine Mehrheit im Israelitischen Religionsrat 'Kahal'.

So gelang es effektiv in den Jahren 1863 bis 1925 den progressiven und den traditionellen, jedoch nicht orthodoxen Juden, die Wahl eines ihnen nicht genehmen ultraorthodoxen Rabbiners zu verhindern. Nur vorübergehend (1900-1904) amtierte Chaim Arie Horowitz als Stadtrabbiner. Erst im Jahre 1925 wurde Rabbi Josef Nehemia Kornitzer, ein Enkel von Simon Sofer-Schreiber, als Stadtrabbiner eingesetzt. Nach seinem Tode im Jahre 1933 wurde der Posten nicht mehr besetzt. Sein Sohn und prädestinierter Nachfolger Schmelke

Kornitzer (im Jahre 1940 von den Deutschen ermordet) wurde nicht mehr als Stadtrabbiner ordiniert.

So blieb die jüdische Gemeinde Krakaus, eine der ältesten und größten jüdischen Gemeinden Polens, während 42 Jahren ohne Stadtrabbiner, obwohl diese Stellung in den Statuten des Kahals ausdrücklich vorgesehen war.

In der nach 1918 neu entstandenen Republik Polen verschwand die österreichisch und deutschsprachig orientierte Fraktion der Reformgemeinde. Dem Verein der Progressiven Juden gehörten jetzt einerseits Reform-Juden an, die eine vollständige Assimilation und Polonisierung anstrebten und sich 'Polen mosaischen Glaubens' nannten und andererseits die zionistisch ausgerichteten Reform-Juden.

Die Assimilation und die Polonisierung führten oft zur Aufgabe des jüdischen Glaubens. So wurden in Krakau allein in den Jahren 1887-1900 120 vorwiegend karriere- oder heiratsbedingte Übertritte zum katholischen Glauben amtlich registriert; die Dunkelziffer war beträchtlich höher.

Der bedeutendste Vertreter der zionistisch orientierten Fraktion war der Rabbiner der progressiven Gemeinde, Dr. Ozjasz Jehoshua Thon (1870-1936), Präsident des Zionistenverbandes Westgaliziens und 1919-1931 Abgeordneter im polnischen Parlament. Den Namen dieses hervorragenden Rabbiners, Predigers, Publizisten und unerschrockenen Vertreters des polnischen Judentums trägt der im Jahre 1938 in Israel gegründete Moschaw Beth-Jehoshua.

5. Die bekannten Krakauer Rabbiner

'Brakteaten' (einseitig geprägte mittelalterliche Münzen) mit eingravierten hebräischen Inschriften wie „Rabbi" und „Nagid" weisen auf eine Kultur und Hierarchie talmudischen Ursprungs bereits im 13. Jahrhundert hin (vgl. Fußnote 5, S. 18). Im 'Sefer Arugat ha-Bossem' berichtet Abraham Ben Azriel aus Böhmen im Jahre 1234 (E.E. Urbach, Bd. 1-4, 1939/63, nach Encycl. Judaica) über einen „Rabbi Jacob Savra aus Krakau in Polen, einen großen Gelehrten, der den ganzen Talmud kennt". Im gleichen Werk wird berichtet, daß „Rabbi Jacob Savra imstande war, den größten talmudischen Autoritäten seiner Zeit in Deutschland und Böhmen zu widersprechen und, seinen Fall verteidigend, Responsa weit nach dem Westen und Süden versandte". Eine „schola Judeorum" (eine jüdische Schule oder Lehranstalt) in der Nähe der Synagoge wird in den Stadtbüchern von Krakau im Jahre 1370 erwähnt. Aus dem gleichen Jahr stammt die Eintragung „Episcopus Judeorum" („jüdischer Bischof", d.h. ein

Gemeindevorsteher und wahrscheinlich auch Rabbiner), den der Stadtrat auf Empfehlung Königs Kasimir III. des Großen unter seinen Schutz stellte.

Obwohl in der ersten Hälfte des 15. Jahrhunderts der Rabbiner von Regensburg, Israel ben Chaim Bruna (ca. 1400-1480), als Entschuldigung für seine kurzgefaßte Antwort auf eine Anfrage aus Krakau in seinen Responsen festhält, daß „die Juden von Krakau nicht gut in der Thora bewandert sind", wirkte dort bereits der berühmter Rabbi, Philosoph und Kabbalist Jom Tov Lipmann aus Mülhausen, Autor des berühmten apologetischen Bibelkommentars 'Sefer ha-Nitzahon', der nach dem blutigen Pogrom von Prag (1389) in Krakau Zuflucht fand und dort einige 'Takkanot' (halachische Direktiven mit Rechtsverbindlichkeit) verfaßte.

Einen Aufschwung erfuhr die jüdische Lehre und das jüdische Wissen mit der Gründung der ersten Jeschiwa Polens in Krakau anno 1500 durch Rabbi Jacob ben Joseph Polak, der als erste talmudische Autorität Polens nach der von ihm eingeführten Methode des Talmudstudiums 'Avi ha-Hillukim' genannt, im Jahre 1503 von König Alexander zum Oberrabiner der polnischen Juden ernannt wurde.

Nach dem Rücktritt von Jacob Polak übernahm Asher Lemel das Rabbinat der polnischen Juden, der, wie sein Vorgänger, ein Freund und Verwandter der einflußreichen Bankiersfamilie Fiszel war, die während mehrerer Generationen im Dienste der polnischen Könige stand.

Die tschechischen Juden in Krakau wählten Rabbi Perec zu ihrem Rabbiner. Die Dualität der Krakauer Gemeinde, von König Sigismund dem Alten (Zygmunt Stary) im Jahre 1519 dekretiert, verschwand nach dem Tode der beiden rivalisierenden Rabbiner.

Gewählt wurde als Rabbiner der jetzt vereinigten Gemeinde der Rabbiner und Arzt Moses Fiszel, der in Padua Medizin studiert hatte und auch ein Nachkomme des Bankiers Fiszel war.

In der zweiten Hälfte des 16. und in der ersten Hälfte des 17. Jahrhunderts wurden in Krakau weitere Jeschiwot gegründet, wo alsdann zahlreiche berühmte Rabbiner und Gelehrte unterrichteten.

Salomon ben Jehiel Luria aus Ostróg (Akronym 'MaHaRshaL', 1510-1574), Autor der 'Hochmat Schlomo' (Krakau 1582 u. 1587), war ein erklärter Gegner des Philosophiestudiums, welches durch seinen jüngeren Verwandten, den berühmten Remu gefördert wurde. Nathan Nata ben Samuel Spira (Shapiro) (1585-1633) war Kabbalist und Autor von 'Megale Amakot', eines klassischen Werkes der aschkenasischen Kabbala. Sein Nachfolger war Joshua ben Joseph Heszel (1578-1648).

Jom Tov Lippman Heller (1579-1654) war Schüler des MaHaRaLs von Prag und Autor von 'Tossefot Jom Tov' (Prag 1614 u. Krakau 1643).

Isaac ben David ha-Kohen Shapira und Meir ben Gedaliah von Lublin (Akronym 'MaHaRaM', 1558-1616) unterrichteten auch an den Krakauer Jeschiwot.

Joshua ben Alexander Hacohen Falk (1555-1614), ein Schüler von Remu (Moses Isserles), wirkte als Vermittler zwischen Remu und Joseph Karo und war selbst Autor eines Kommentars zum 'Schulchan Aruch'. Joseph ben Mordechai Gershon ha-Kohen (1510-1591), ein Schwager von Remu, war der Verfasser von 'Scheerit Joseph' (Krakau 1590). Joel Sirkes, bekannt unter dem Akronym 'BaCH' nach seinem Werk 'Beith CHadasch', ein Kommentar zu 'Arba Turim' von Jacob ben Ascher, war um 1619 'Rosch Jeschiwa' in Krakau.

Die Krakauer Rabbiner des 16. und der ersten Hälfte des 17. Jahrhunderts wurden in ganz Europa bekannt und trugen zum hohen Ansehen der Krakauer Gemeinde in der jüdischen Welt bei. Das gleiche galt für die Rektoren der Krakauer Jeschiwot, beginnend mit dem Gründer der ersten Jeschiwa in Polen (1500), Jakob ben Joseph Polak.

Die Besetzung Krakaus durch die Schweden im Jahre 1655, die Zerstörung eines beträchtlichen Teils der jüdischen Stadt Kazimierz und die Flucht der Juden beendeten die 'goldene Zeit' der jüdischen Kultur und Wissenschaft in Krakau. Die Krakauer Rabbiner, die Gelehrten und ihre Schüler flüchteten nach Nikolsburg und in andere Städte Südmährens, nach Wien, nach Frankfurt a.M. und nach Metz in Lothringen, wo sie sich den bestehenden Hochschulen anschlossen oder neue Jeschiwot gründeten.

Der letzte berühmte Talmudgelehrte und Krakauer Rabbiner der 'goldenen Zeit', Abraham Jozua Heszel (1654-1663), ein Nachfolger von Jom Tov Lippman Heller, flüchtete nach Nikolsburg und später nach Wien. Nach seiner Rückkehr in die zerstörte jüdische Stadt erblindete er ('rabbi coecus') und konnte seine Lehrtätigkeit nicht wieder aufnehmen. Seine Nachfolger waren Arieh Leib ben Zacharia Mendel ('Hojche Arieh Leib', 1665-1671), Aron Samuel aus Klejdanów (1671-1676), Isaac Charif ben Zeew und Aron Teomim (1689-1690), Autor von 'Matteh Aron'. Arieh Jehuda Leib, ein Enkel von Joel Sirkes ('BaCH'), Schüler von Rabbiner Heszel und der Verfasser von 'Schagat Arieh we-Kol Sachal' (Saloniki 1746), schließt die Reihe der berühmten Krakauer Rabbiner und Talmudgelehrten des 16. und 17. Jahrhunderts. Die Nachfolger erlangten nicht mehr den Ruhm ihrer Vorgänger.

6. Rav Moses ben Israel Isserles/Remu

Der berühmteste der Krakauer Rabbiner war Rav Moses ben Israel Isserles (1525 oder 1530-1572), die größte halachische Autorität des aschkenasischen Judentums. Der Name Isserles setzt sich zusammen aus den Familiennamen Isserl und Lazarus, wobei Lazarus der Mädchenname seiner jung verstorbenen Mutter war. Bekannt wurde Isserles unter dem Acronym 'Remu' (Rav Moses Isserles).

Moses Isserles war eines der acht Kinder von Israel ben Josef Isserl und Urenkel des Jehiel Luria, des ersten Rabbi von Brisk (Brzesc Litewski). Sein Vater, Enkel des gelehrten und vermögenden Moses Auerbach, eines Hofjuden des Bischofs von Regensburg um das Jahr 1497, heiratete in Regensburg die Tochter des reichen Lazarus aus Brandenburg. Aus Regensburg vertrieben, kam Israel Isserl mit seiner Familie im Jahre 1519 nach Krakau. Durch Vermittlung seines Schwiegervaters nahm Israel Isserl den Kontakt mit dem Hof König Sigismunds II. August von Polen auf und wird zu einem der reichsten Juden der Krakauer Judenstadt Kazimierz.

Zum Andenken an seine jung verstorbene Frau Malka baute Israel Isserles im Jahre 1553 eines seiner Häuser zu einer Synagoge um. So entstand neben der Altschul (zweite Hälfte des 14. Jahrhunderts) eine zweite Synagoge in Kazimierz, die Remu-Synagoge, ein Holzbau, der im Jahre 1557 zusammen mit der Altschul niederbrannte.

Ein Jahr später baute Israel Isserles, ermächtigt durch König Sigismund II. August, die Synagoge wieder auf. Diesmal war es ein malerisches Steingebäude, erstellt durch den Baumeister Stanislaw Baranek. Ursprünglich als eine Familiensynagoge konzipiert, war das Gebetshaus wahrscheinlich mit dem Wohntrakt der Familie Isserl verbunden. Die Remu-Synagoge steht noch immer und ist die einzige Synagoge Krakaus, wo am Freitagabend (Erev Schabbat), Samstag (Schabbat) und an Feiertagen Gottesdienste abgehalten werden (s. S. 105ff.).

Studiert hatte Moses Isserles zuerst bei seinem Vater, der nicht nur ein reicher Kaufmann, sondern auch ein Talmudgelehrter war. Fortgesetzt hat er seine Studien bei seinem Onkel Moses Heigerlich und bei Schalom Szachna in Lublin, wo er bis 1549 studierte. Dieser, 'Rosch Jeschiwa' in Lublin, war ein Schüler von Jakob Polak, des Gründers der ersten polnischen Jeschiwa in Krakau. Moses Isserles heiratete die Tochter seines Lehrers Schalom Szachna und wurde mit etwa 25 Jahren, nach dem Tode von Moses Fiszel (1542), als Rabbiner nach Krakau berufen.

Aus dem Jahre 1550 stammt die erste Unterschrift von Remu, neben den Signaturen von Moses Landau und Josef Katz, die als Mitglieder des Krakauer Beth-Din ein Verbot des Verkaufes einer Ausgabe von 'Mischne Thora' von Maimonides mit Kommentaren von Meir ben Isaac Katzenellenbogen ('Ma HaRam' von Padua, 1473-1565) erließen. Die fragliche Publikation war eine verkürzte Fassung des Werkes von MaHaRam, die ohne sein Wissen durch Marcantonio Justinian veröffentlicht wurde. Der Streit um diese Publikation und die gegenseitigen Beschuldigungen hatten im Jahre 1554 die Verbrennung des Talmuds auf Anordnung des Papstes zur Folge.

Nicht ohne Zögern nahm der junge Gelehrte die ehrenvolle Berufung als Rabbiner von Krakau an, wie er in der Einleitung zu seinem Werk 'Darchei Mosche' schreibt: „Ich war noch ein Junge und hatte noch keinen Bart; meinen eigenen Garten hatte ich noch nicht angelegt, als man mir befahl, den anderen den Weg zu weisen. In der Talmudlehre war ich noch nicht stark genug, aber der Aufforderung meiner Freunde folgend, die mir zuriefen: Gehe! - übernahm ich das Amt des Rabbiners."

Das umfangreiche Werk Remus umfaßt Publikationen auf den Gebieten der Halacha, Kabbala, Philosophie, Naturwissenschaften und Homiletik (Geschichte und Theorie der Predigt).

Sein universelles Wissen hat ihm die Bezeichnung 'der Maimonides des polnischen Judentums' eingetragen. Der Vergleich mit Maimonides - wenn auch nicht ganz zutreffend in bezug auf die Bedeutung der beiden Gelehrten für das Judentum - findet seine Berechtigung in der Universalität Remus, seiner Verbundenheit sowohl mit dem Talmud als auch mit dem säkularen Wissen, in der methodischen Studienart, in der Entschiedenheit seiner Urteile sowie in seiner Demut und Bescheidenheit.

So kann man auf seinem noch bis heute erhaltenen Grabstein auf dem Krakauer Remu-Friedhof neben der Remu-Synagoge die folgende Inschrift lesen: „Mi Mosche Wead Mosche Lo Kam KeMosche" („Von Moses bis Moses ist keiner erstanden wie Moses.") was heißen soll: „Von Moses dem Propheten bis Moses Maimonides ist keiner erstanden, der so wäre wie Moses Isserles." (Siehe Titelfoto sowie S. 101 u. 132)

Zu den wichtigsten Werken Remus gehören:

1. 'Darkhei Mosche' ('Die Wege von Mosche'), ein Werk, welches die Kommentare der aschkenasischen Gelehrten zu den gesetzlichen Bestimmungen enthält, die von Joseph Karo in seinem 'Beit Joseph' und später im 'Schulchan Aruch' nicht berücksichtigt wurden. Remu begann auch einen Kommentar zu den Arba Turim von Jacob ben Ascher zu schreiben, gab jedoch diese

Arbeit auf, nachdem er erfahren hatte, daß ihm Joseph Karo mit der Publikation seines 'Beit Joseph' zuvorgekommen war.

Er schrieb 'Darkhei ('Wege') Mosche ha-Aroch' zu 'Joreh Deah' ('Arba turim' 4 Bände von Jacob ben Ascher, zu denen *Remu* Kommentare - 'Wege' [Darkhei Mosche] - schrieb, Sulzbach 1692) und zu 'Orach Chajim' (Fürth 1760) sowie später eine abgekürzte Fassung seiner 'Darkhei Mosche' zu allen vier Teilen der 'Arba Turim', die unter dem Titel 'Darkhei Mosche ha-Kazar' herausgegeben wurde (Berlin 1702-1703).

Die 'Darkhei Mosche' bildeten die Grundlage für das wichtigste Werk von Remu, die 'Hagahot' (Glossen, Erläuterungen), besser bekannt unter dem Namen 'Ha-Mapah' ('Das Tischtuch'). Das Werk beinhaltet Erklärungen und Ergänzungen betreffend die Gesetze und Bräuche der aschkenasischen Juden, die von Joseph Karo (1488-1575) in seinem 'Schulchan Aruch' ('Gedeckter Tisch') nicht berücksichtigt wurden. Durch das 'Decken des Tisches' ('Schulchan Aruch') von Joseph Karo, der die sephardische Rechtspraxis kodifizierte, und mit dem 'Tischtuch' ('Mapah') Remus konnte der 'Schulchan Aruch' sowohl von den sephardischen als auch von den aschkenasischen Juden angenommen werden. Unter Beachtung der Sitten und Bräuche der aschkenasischen Juden hat Remu in seiner 'Mapah' öfter andere Ansichten als die von Joseph Karo vertreten. So berücksichtigte er eher die Meinungen von Ascher ben Jechiel und seines Sohnes Jacob ben Ascher (Verfasser von 'Arba Turim') als diejenigen von Isaac Alfasi und Maimonides, wie es Joseph Karo tat.

Remu schätzte und bewunderte Joseph Karo. In seiner 'Mapah' bemühte er sich, seine von Karo abweichenden Ansichten nicht als Widersprüche, sondern als Ergänzungen zu formulieren, z.B. mit der Einleitung „der Minhag Aschkenaz - der aschkenasische Brauch sieht vor" oder „die Aschkenasim fassen die Bestimmung so auf" oder „in Aschkenaz besteht der Brauch".

Die erste Ausgabe der 'Mapah', zusammen mit dem 'Schulchan Aruch', wurde in den Jahren 1569-1571 in Krakau veröffentlicht, und seitdem wird der 'Schulchan Aruch' von Josef Karo immer mit der 'Mapah' von Remu gedruckt. Es ist das Verdienst von Remu, daß der 'Schulchan Aruch' von Joseph Karo auch von den aschkenasischen Juden angenommen wurde und somit weltweit eine einheitliche Kodifikation des jüdischen Rechtes erfolgen konnte, was ohne die 'Mapah' von Remu nicht möglich gewesen wäre.

Die beiden Gelehrten standen miteinander in brieflichem Kontakt, der durch die Auslandsbeziehungen von Remus Vater, Israel Isserl, erleichtert wurde. So konnte Remu, der auch ein Thoraschreiber war, eine Sefer Thora nach den

Regeln eines alten Manuskriptes schreiben, das Joseph Karo, damals Rabbiner in Safed, für ihn aus Erez Israel besorgte.

2. 'Thorat ha-Hattat' (Krakau 1569) - Kommentare zu 'Issur we-Hetter' (ein Sammelbegriff für halachische Regeln, die verbotenen Speisen und verwandte Themen betreffen).

3. Die Sammlung von Remus Responsen (Krakau 1640) enthält 132 Responsen, geschrieben in den Jahren 1550 bis 1571, 91 wurden von Remu selbst verfaßt, der Rest stammt von seinen Kollegen und Schülern.

4. Halachische Glossen zu 'Baba Meziah' und zu 'Niddah' wie auch die Kommentare zu den Responsen von Rosch (Rabbi Ascher ben Jechiel, 1250-1327) und zu 'Issur we-Hetter', erschienen unter dem Titel 'Jad Ramah' (Lemberg 1866). Die Kommentare von Remu zu 'Schehitah u-Wedikah' von Jacob Weil sind in Krakau im Jahre 1557 publiziert worden.

5. Zu den philosophischen und kabbalistischen Werken von Remu gehört das 'Mechir Jajin' (Cremona 1559), ein philosophischer und homiletischer Kommentar zur 'Megillath Esther'.

'Tosafot Reem' enthält Glossen zu 'More Newuchim' von Maimonides. In 'Thorat ha-Olah' (Prag 1570) wird ein philosophisches Konzept des Judaismus dargelegt. In diesem Werk bemüht sich Remu, der jüdischen Philosophie und dem jüdischen Gedankengut kabbalistische Formen zu verleihen und ihre Identität zu beweisen unter der Annahme, daß sich die Kabbala und die Philosophie nur in bezug auf die Terminologie unterscheiden. Er bediente sich dabei u.a. kabbalistischer Deutungen, der Symbolik des Opferkultes (Olah), der Ausmaße des Stiftszeltes und des Tempels, wie sie im 'Tenach' (Pentateuch, Fünf Bücher Mose) angegeben sind.

In seinem bedeutendsten Werk 'Darkhei Mosche' erwähnt Remu seine Arbeit unter dem Titel 'Jesodei Sifrei ha-Kabbala'. Dieses Werk wie auch seine Kommentare zum 'Sohar' und zu den 'Aggadot' im Talmud sind jedoch verschollen.

Remus Ansichten sind oft gekennzeichnet durch die mystischen Strömungen, die damals bei den Juden starken Anklang fanden. Im Jahre 1558 erschien der 'Sohar', die „Bibel der Mystiker", und in Safed entwickelte eine Gruppe von Kabbalisten unter dem Namen 'Sukkat Schalom' die Regeln der praktischen Kabbala. Diese stießen bei den Juden auf ein zunehmendes Interesse und führten später zur Personifizierung des Messiasbegriffes in der Gestalt von Schabbatai Zwi (1626-1676).

Remu selbst war durchdrungen vom Glauben an die Macht der Namen, insbesondere an die Macht des Gottesnamens. Er war überzeugt von der Möglichkeit, mit Hilfe dieser Namen Außergewöhnliches zu erwirken. Obwohl er sich in einem Schreiben an seinen Kollegen Salomon Lurya, Rabbiner in Ostróg, über die Vulgarisierung der Kabbala beklagte, war sein eigenes Denken stark von der Mystik der praktischen Kabbala beeinflußt. Nur so ist sein Glaube an die Bedeutung der Stern- und Mondzeichen zu erklären, aus welchen man z.B. in der Nacht von 'Hoschana rabba' (7. und letzter Tag des Sukkot-/ Laubhütten-Festes) die Zukunft voraussagen könne.

6. Auf den Gebieten des säkularen Wissens galt das Interesse von Remu der Geometrie und der Astronomie. Seine Glossen zu 'Jessod Haolám' ('Erschaffung der Welt'), verfaßt 1310 vom spanischen Astronomen Isaac ben Joseph Israeli, wurden publiziert in 'Juhasin' von Abraham Zacuto (Krakau 1580-1581). Remu schrieb auch einen Kommentar zu 'Mehalech Hakochawím' ('Die Sternenbahnen'), einer Übersetzung der 'Theoria planetarum' von Georg Feuerbach durch Ephraim Mizrachi.

Remu folgte der Philosophie von Aristoteles, die er aus den Werken von Maimonides gelernt hatte. Er entwickelte Begründungen für die verschiedenen Vorstellungen und Wahrnehmungen von Ereignissen in der biblischen Zeit und wies auf die Bedeutung derselben hin.

Die Person jedes Propheten - meinte Remu - sei eng verbunden mit den Geschicken des jüdischen Volkes und des Heiligen Landes zu seiner Zeit. Glaubte ein Prophet, Gott zu sehen, so sah er nur sich selbst, als ob er in einen Spiegel schauen würde. Am Roten Meer haben die Juden Gott als einen Krieger und in der Wüste Sinai als einen alten Mann gesehen, der ihnen die Gebote beibrachte. Es ist klar - schreibt Remu -, daß im Krieg, als alle Juden Krieger waren, sie sich Gott als Kriegsherrn vorstellten. In der Wüste Sinai, als sie die Lehre erwarteten, prägte ihre Vorstellung das Bild Gottes in der Gestalt eines alten Lehrers. Nur Moses allein war frei von diesen irdischen Vorstellungen und hat Gott wie durch ein klares Glas und nicht wie im Spiegel gesehen.

Über die Wunder schrieb Rav Remu: „Wunder im menschlichem Sinne als außerordentliche Veränderungen der Natur gibt es nicht. Als Gott das Rote Meer schuf, hat er vorausbestimmt, daß es sich beim Auszug der Juden aus Ägypten spalten wird. Bei der Erschaffung der Sonne hat er vorgese-hen, daß die Sonne für Joshua länger als sonst scheinen soll." (M. Balaban, Bd. I, S. 148)

Remu beschäftigte sich auch mit Anthropomorphismus (Vermenschlichung des Göttlichen) und deutete z.B. den biblischen Ausdruck „der Arm Gottes" als Hinweis auf einen Engel.

Obwohl er die Philosophie und die Kabbala als gleichwertig betrachtete, gab er der Philosophie infolge ihrer Logik den Vorzug. In seinen halachischen Entscheiden stützte sich Remu sowohl auf die Philosophie wie auch auf die Kabbala und die Erklärungen im 'Sohar'. Wo jedoch die Kabbala der Halacha widersprach, akzeptierte er sie nicht.

Er bemühte sich öfter, den 'Minhagím' (Bräuche) eine 'halachische' (gesetzliche) Bedeutung zu verleihen, manchmal auch dann, wenn keine halachischen Begründungen vorhanden waren oder der Minhag sogar im Widerspruch zur Halachá stand.

Es gab jedoch Fälle, wo Remu entschied: „Dieser Brauch ist ein schlechter Brauch" oder „wenn ich die Macht hätte, würde ich diesen Brauch abschaffen, weil er auf einem Irrtum beruht, und es besteht kein Grund, diesen Brauch zu befolgen." (Encycl. Judaica, Vol. 9, S. 1084)

Seine halachischen Entscheide unter weitgehender Berücksichtigung der Bräuche der aschkenasischen Juden, fielen oft mild und nachsichtig aus. So gestattete er, am Schabbat auch säkuläre Bücher zu lesen, vorausgesetzt daß sie „mit hebräischen Buchstaben geschrieben wurden" (jiddisch).

Remus Entscheide standen oft im Widerspruch zu den Urteilen der früheren und der zeitgenössischen Posskim (rabbinische Gesetzinterpreten).

Die Bevorzugung von Minhagim (Bräuche), die Milde bei der Urteilsfällung und vor allem jedoch viele der Glossen von Remu zum 'Schulchan Aruch' (enthalten in seiner 'Mapah'), hatten eine starke Opposition der zeitgenössischen Rabbiner zur Folge. Begründet wurde diese Opposition durch den Gelehrten Chaim ben Bezalel, mit dem Remu an der Lubliner Jeschiwa bei Schalom Szachna studierte. In der Einführung zu seinem Werk 'Wikuach Majim Chaim' faßt Chaim ben Bezalel seine Einwände gegen die Entscheide von Remu wie folgt zusammen:

„(1) Die Kodifikation des Rechtes verpflichtet einen Rabbiner zu halachischen Entscheiden aufgrund der Ansichten der Mehrheit.

(2) Seine Entscheide trifft Remu allein, ohne Berücksichtigung der Ansichten anderer Gelehrter.

(3) Remu stützt sich bei seinen Entscheiden auf die milde Auslegung der Gesetze durch die Rischonim (ursprügliche Gesetzesauslegungen aus der Zeit der Gaonim bis zur Errichtung der Institution des Rabbinats) und berücksichtigt nicht die späteren, strengeren Auslegungen der Gesetze durch die Achronim (spätere und zeitgenössische rabbinische Literatur).

(4) Er berücksichtigt die Bräuche der polnischen, jedoch nicht genügend die Bräuche der deutschen Juden.

(5) Warum soll das deutsche Judentum seine Bräuche zu Gunsten der Bräuche der polnischen Juden aufgeben ?

(6) Seine Entscheide bewirken die Vernachlässigung des Studiums der ursprünglichen Talmudliteratur und führen zur Ignoranz.

(7) Durch Remus Praxis geht die Autorität der Rabbiner verloren, und die Menschen stützen sich auf die in den Büchern publizierten Ansichten.

(8) Genauso wie Remu nicht immer mit den Ansichten von Joseph Karo übereinstimmt, ist es erlaubt, den Meinungen von Remu zu widersprechen.

(9) Wenn eine Urteilsmilde in den Fällen, wo es um hohe Geldbeträge geht, gestattet ist, warum sollte diese Urteilsmilde nicht angebracht sein, wenn es um kleinere Beträge geht ?

(10) Remu fällt milde Urteile auch in Fällen, wo nach dem Gesetz strenge Urteile erforderlich sind.

(11) Wird von Remu etwas verboten, so bekommt sein Verbot die Eigenschaft eines Brauches (Minhag), der nicht mehr für nichtig erklärt werden kann. (Encycl. Judaica, Vol. 9, S. 1085)

Trotz der Kritik von Chaim ben Bezalel und anderer zeitgenössischer Gelehrten haben sich die Gesetze und Bräuche, wie sie von Remu formuliert wurden, für das aschkenasische Judentum weitgehend als verbindlich durchgesetzt. Remu, der ca. 20 Jahre lang die älteste Krakauer Jeschiwa leitete, gründete eine weitere Jeschiwa in Krakau, wo er die Studenten aus eigenen Mitteln unterstützte.

*

Zu Remus Schülern gehörte David Gans (1541-1613) aus Lippstadt (Westfalen), der von ihm zum Studium der Geschichte und der Astronomie ermuntert wurde. Gans ist der Autor von 'Zemach David' (Prag 1612), einer Geschichte der Juden unter Berücksichtigung der Weltgeschichte, die zu einem Standardwerk bis in die Zeit der Haskala wurde. Diese Chronik umfaßt in zwei Bänden die allgemeine Geschichte und die Geschichte der Juden, von ihren Anfängen bis zur Lebzeit des Autors. In seinem Werk 'Nechmad we-naim' ('Freundlich und angenehm') lehnte Gans das kopernikanische System zugunsten der Ansichten von Ptolemäus ab.

Zu den weiteren, berühmt gewordenen Schülern Remus gehörten Mordechai ben Abraham Jaffe, Abraham ha-Lewi Horowitz, Vater des Jesajah Horowitz (Autor von 'Schnei Luchot ha-Brit'), Dawid ben Menasche Hadarschan von Krakau, Menachem Dawid von Tiktin und sein Cousin Joschua Falk ben Alexander ha-Cohen, Aron ben Abraham Solnik-Ashkenasi und Zwi Hirsch Elzischer von Elsaß.

Das nicht sehr lange Leben (47 oder 52 Jahre) Remus war gekennzeichnet durch schwere persönliche Schicksalsschläge. Früh verlor er seine Mutter, und seine geliebte Frau Golda starb im Alter von nicht ganz 20 Jahren.

Seine zweite Frau war die Schwester seines Freundes und Gelehrten Josef Kac (Verfasser von 'Scheerith Josef'). Remu hatte drei Brüder, Isaac, Josef und Eliezer (Schwiegersohn von Salomon Luria). Seine Schwester Miriam Bella wurde die Frau von Pinchas Horowitz. Remu hatte einen Sohn namens Juda Leib und zwei Töchter. Eine von ihnen - deren Name nicht bekannt ist - heiratete Eliezer ben Simon Ginsburg. Die zweite Tochter namens Dressel (Drussila) heiratete den Kaufmann Simon Meizels, der als Sohn von Abraham Meizels, eines Gelehrten mit Doktortitel, Simon Meizels-Doktorowicz genannt wurde. Zusammen mit Remus Vater bereiste er Litauen und erhielt im Jahre 1551 in Wilna das Handelsrecht für ganz Litauen. Zwei Jahre später (1553) findet man die Unterschrift von Simon Meizels-Doktorowicz als Senior der Jüdischen Gemeinde in Krakau unter einem Vertrag, der die Vergrößerung des Areals der jüdischen Stadt in Kazimierz zum Inhalt hatte.

Remus Großenkelin, die Tochter seines Enkels Simon Wolf von Wilna, heiratete Schabtai ben Meir ha-Cohen.

Die Bescheidenheit und Demut Remus kommen bei seinen Auseinandersetzungen mit anderen Rabbinern zum Ausdruck, so z.B. bei einer Kontroverse mit seinem älteren Verwandten Salomon Luria um einen Lungenfehler bei einem Schlachttier (ein Glatt-Koscher-Problem). Die sachliche Auseinandersetzung entwickelte sich nicht nur zu einer Diskussion über die grammatikalische Interpretation der einschlägigen Texte, sondern führte auch zur Diskussion über philoshophische und kabbalistische Fragen. Obwohl selbstsicher und überzeugt von seiner Meinung, gibt Remu freundlich und bescheiden seine Fehler zu.

Die Beurteilung der Lage der Juden und ihrer Beziehungen zum Staat in Polen des 16. Jahrhunderts kann aus Remus Responsen entnommen werden. So schreibt er seinem früheren Schüler: „In diesem Land (Polen) begegnet uns kein wilder Haß wie in Deutschland. So soll es auch bleiben bis zur Ankunft des Messias. Du wirst es besser haben in diesem Land - hier wirst du deine Gedankenruhe finden." (B.D. Weinryb, Bd. I, 1976) Und in anderem Zusammenhang, wo er über einen Streit zwischen Juden berichtet, schreibt er: „Dieser Fall kann uns schaden in Polen, wo der König unseren Brüdern gut gesinnt ist... Hätte uns der Herr dieses Land nicht als Zuflucht gegeben, so wäre das

Schicksal von Israel wirklich unerträglich. Aber Gott sei Dank sind uns der König und seine Nobilität günstig gesinnt." (B.D. Weinryb, Bd. I, 1976) In der konsequenten Annahme des talmudischen Prinzips „Das Recht des Staates ist das Recht" akzeptiert er die Nomination eines Rabbiners durch den König statt durch die jüdische Gemeinde. Er begründet auch seine Zustimmung zur Registrierung des jüdischen Vermögens und der Hypotheken durch den Staat - statt durch die jüdische Gemeinde - mit dem Argument: „Sollten wir nicht den nicht-jüdischen Bestimmungen dieses Landes folgen, so wird die ganze Ordnung zerstört und niemand seines Eigentums sicher sein." (B.D. Weinryb, Bd. I, 1976)

Bis zum Kriegsausbruch im Jahre 1939 pilgerten jedes Jahr am Lag ba-Omer, Remus Todestag, Tausende von Juden aus ganz Polen und aus dem Ausland zu seinem Grab auf dem alten Friedhof neben der Remu-Synagoge. Das Areal hinter der Synagoge, bereits im Jahre 1551 erworben, diente der Gemeinde, nachdem die zwei früher angelegten Friedhöfe aufgegeben werden mußten, in den Jahren 1552-1800 als Friedhof und ist nach dem Friedhof in Lublin (angelegt im Jahre 1541) der zweitälteste der heute noch bestehenden jüdischen Friedhöfe in Polen. Nachdem auf Anordnung der österreichischen Behörden ein neuer Friedhof außerhalb des damals bewohnten Stadtgebietes (heute Miodowastraße) angelegt werden mußte, wurde der Remu-Friedhof seit dem Jahr 1800 nicht mehr benutzt.

Sporadisch wurden jedoch auch nach 1800 prominente Juden auf dem Re-mu-Friedhof bestattet, so z.B. im Jahr 1843 Abraham Chaim Meizels, der Sohn des bekannten Krakauer und später Warschauer Rabbiners Beer Meizels.

Mit zunehmendem Interesse für die Geschichte und für den Denkmalschutz an der Wende des 19. und 20. Jahrhunderts zog der verlassene und vernach-lässigte Friedhof die Aufmerksamkeit der Öffentlichkeit auf sich, vor allem der Künstler und Erforscher jüdischer Geschichte.

Nach der Inventarisierung durch die Jüdische Gemeinde wurde festgestellt, daß viele Grabsteine und Sarkophage verschwunden oder stark beschädigt wa-ren. 47 Grabsteine von berühmten Persönlichkeiten konnten identifiziert und restauriert werden. Grabsteine, die sich nicht mehr restaurieren ließen, wurden durch neue ersetzt, wobei man die z.T. unleserlichen Inschriften aufgrund von Archivangaben und mit Hilfe des Friedhofsbuches rekonstruierte, soweit dies möglich war. Diese Arbeiten wurden nicht abgeschlossen, und so befand sich beim Ausbruch des Krieges im Jahre 1939 der alte Remu-Friedhof immer noch in einem sehr schlechten Zustand.

In den Jahren 1939-1945 wurde der Friedhof durch die Deutschen vollständig verwüstet. Mit der zerstörten Friedhofsmauer und den zertrümmerten
Grabsteinen, sofern man sie nicht für Bauzwecke verwendete, wurde einer der
ältesten jüdischen Friedhöfe Europas in einen Schutthaufen verwandelt. Nur
einige wenige Grabsteine blieben unversehrt, darunter der Grabstein von Remu.

Unmittelbar nach dem Krieg ließ die Jüdische Gemeinde einige Grabsteine
neu herstellen, um die zerstörten oder, wie sich später herausstellte, auch ver-
meintlich zerstörten Grabsteine prominenter Persönlichkeiten zu ersetzen. Ende der fünfziger Jahre begannen die Aufräumungs- und Instandsetzungsarbei-
ten mit dem Ziel, den Friedhof mit den wenigen noch vorhandenen alten und
rekonstruierten Grabsteinen in reduzierter Größe zu erhalten.

Die Archäologen machten jedoch eine unerwartete Entdeckung, als sie in
der Mitte des ursprünglichen ca 4,5 ha großen Friedhofareals im Jahre 1959 in
einer relativ geringen Tiefe Hunderte von Objekten fanden, meistens in der
Form von Grabsteinen, Sarkophagen und Bruchstücken derselben, die aus der
zweiten Hälfte des 16. und aus dem 17. Jahrhundert stammten. Von der Existenz dieser Grabsteine, die auf einen 'Zweischichten-Friedhof' hinweisen,
wußte man vor dem Kriege nichts.

Die wahrscheinlichste Hypothese deutet darauf hin, daß die Juden auf der
Flucht vor den Schweden (1655), bevor sie die Stadt verließen, ihren Friedhof
unkenntlich gemacht und mit Erde zugeschüttet haben. Während der zweijäh-
rigen schwedischen Besatzung wurde die jüdische Stadt Kazimierz fast vollständig zerstört. Nach ihrer Rückkehr nahmen die verarmten Juden ihren alten
Friedhof wieder in Betrieb, ohne die alten zugeschütteten Grabsteine zu beach-
ten.

700 der ausgegrabenen Grabsteine und Sarkophage, vorwiegend im Renais-
sance- und Barockstil gemeißelt, wurden z.T. restauriert und wieder aufgestellt. Die Renovations- und Rekonstruktionsarbeiten sind noch nicht abgeschlossen. Da die ausgegrabenen Denkmäler nicht an ihren ursprünglichen
Standorten aufgestellt werden konnten, verliert der alte Remu-Friedhof die Eigenschaft eines jüdischen Friedhofs im strengen Sinne und bekommt den Charakter einer Nekropole der Krakauer Juden.

Zu den wenigen Grabsteinen, die der Vernichtung durch die Deutschen ent-
gangen sind und unbeschädigt auf ihren ursprünglichen Standorten belassen
wurden, gehören einige Grabsteine der Familie Isserles und der sarkophagarti-
ge Grabstein Remus.

7. Die berühmten Krakauer Synagogen

Im Jahr 1356 wird in den Stadtbüchern zum erstenmal eine Synagoge in der 'Platea Judeorum' (heute Hl.-Anna-Straße) erwähnt, und zwar auf der Parzelle, wo heute das Collegium Maius steht, das älteste Gebäude der im Jahre 1364 gegründeten Universität. In einem Dokument aus dem Jahre 1469 wird über zwei Synagogen mit angrenzenden Friedhöfen in der Platea Judeorum berichtet, die als 'alte' und 'neue' Synagoge bezeichnet sind.

Eine dritte Synagoge wurde in der zweiten Hälfte des 15. Jahrhunderts errichtet, spätestens zu Beginn des Jahres 1469, in der Szpiglarska-Straße (später Hl.-Thomas-Straße, in der Nähe des heutigen Szczepanski-Platz). Dort entstand für die Dauer von 25 Jahren bis zur Vertreibung oder Übersiedlung der Mehrheit der Krakauer Juden nach Kazimierz im Jahre 1495 die neue Judengasse, nachdem die Jüdische Gemeinde zur Aufgabe ihres gesamten Besitzes in der Platea Judeorum zu Gunsten der sich im Aufbau befindlichen Universität im Jahre 1469 gezwungen wurde. Somit standen in der Stadt Krakau im 15. Jahrhundert drei Synagogen, obwohl die Synodalbeschlüsse von Buda (1279) und Leczyca (1285) nur eine Synagoge tolerierten.

Im 15. Jahrhundert lebten in Krakau und ab 1495 in Kazimierz Juden verschiedener Herkunft: Nachkommen der Juden, die möglicherweise noch vor der Christianisierung (966) in Polen lebten; sodann Nachkommen der Juden, die vor den Kreuzzügen flüchtend im 12. und 13. Jahrhundert aus Böhmen und Prag nach Krakau gelangt und schließlich Juden, die zur Zeit des Königs Kazimierz Wielki (1333-1370) aus Deutschland nach Polen eingewandert waren.

Ob beim Konflikt zwischen den Rabbinern Perec und Ascher Lemel im Jahre 1519 um den Zutritt zu der damals noch einzigen Synagoge in Kazimierz die Unterschiede im Ritus oder 'Nussach' (Gebetstext-Version) eine Rolle spielten, ist nicht bekannt. Aus dem Edikt des Königs Zygmunt Stary (Sigismund I. des Alten) vom 5. November 1519 geht hervor, daß die tschechischen Juden den Rabbiner Perec wählten, und Ascher Lemel als Rabbiner der 'antiqua communitas' bezeichnet wird. Ascher Lemel wurde von seinen Gegnern als „Kabbalist" beschimpft (M. Balaban). Im salomonischen Urteil bestätigte der König die Wahl der beiden Rabbiner, machte jedoch den Zutritt zur Synagoge von der Bewilligung des Rabbiners der 'antiqua communitas' abhängig.

Als die Dualität der Gemeinde nach dem Tode der beiden rivalisierenden Rabbiner aufgehoben wurde, ernannte König Zygmunt Stary im Jahre 1532 Dr. Mojzesz Fiszel zum Rabbiner „aller Krakauer Juden, die derzeit in der Stadt Kazimierz leben" („Judeis nostris Cracoviensibus, synagogae Polona dictae, in civitate nostra Cazimiria morantibus", M. Balaban). Dr. Mojzesz Fiszel, ein Enkel des gleichnamigen königlichen Bankiers, studierte in Padua Medizin und war ein Verwandter und Schüler Jacob Polaks, des Gründers der ersten polnischen Jeschiwa in Krakau, der im Jahre 1503 von König Alexander zum ersten Oberrabbiner Polens ernannt wurde.

Wo die angesehenen und vermögenden sephardischen Juden gebetet haben, die zu Beginn des 16. Jahrhundert aus Spanien, Portugal, Italien und der Türkei nach Krakau kamen, ist nicht bekannt. Eine sephardische Synagoge gab es in Krakau nicht. - Ein Teil der Nachkommen der italienischen Juden kehrte nach Italien zurück. So begegnet man am Ende des 17. Jahrhundert im Ghetto von Venedig u.a. den Familien Jakob Lazaro di Cracovia, Menachem ben Jakob di Cracovia und Abraham Chaim di Cracovia.

Aus den Familienstammbäumen der sephardischen Juden, die in Krakau geblieben sind, ist ersichtlich, daß ihre Nachkommen in rascher Folge in die aschkenasischen Familien eingeheiratet haben. So findet man unter den Nachkommen des Arztes Samuel bar Meschulam aus Italien sehr früh die Namen der Familien Anzelm, Mann und Hirsch. Die Familiennamen der Nachkommen von Dr. Salomon Kalahora aus Spanien lauten: Landsberg, Posner, Aronowicz und Luksenburg, und Dr. Samuel aus Padua wird zum Verwandten der Familien Isserles und Falk.

Es ist anzunehmen, daß die sephardischen Juden sich sehr rasch 'assimiliert' und der aschkenasischen Gemeinde angeschlossen haben. Nur vereinzelt blieben Familiennamen erhalten, die auf eine sephardische Herkunft hinweisen, z.B. Kolhari (Kalahora), Wloch oder Wlochowicz (der Italiener) und Szafard (der Sephardi).

Bis Mitte des 17. Jahrhunderts, als in Kazimierz etwa 4'500 Juden lebten, wurden dort sechs Synagogen erbaut, die alle im Verlauf der Jahrhunderte z.T. umgebaut oder renoviert worden sind und heute noch stehen. Nicht wegen ihrer räumlichen Größe, sondern wegen ihrer Bedeutung für die Geschichte der Krakauer Juden wurden diese mittelalterlichen Baudenkmäler bis in die jüngste Zeit 'die großen Synagogen' genannt. Nur der Bau der Altschul, der ältesten noch erhaltenen Synagoge in Polen (heute ein Museum der Geschichte und Kultur der Krakauer Juden), wahrscheinlich in der zweiten Hälfte des 14. Jahrhunderts erbaut, nach dem Brand im Jahre 1557 durch den Florentiner Architekten Mateusz Gucci im Jahre 1570 wieder aufgebaut, wurde durch die Jüdische Gemeinde finanziert (S. 13 u. 108).

Die anderen mittelalterlichen Synagogen verdanken ihre Entstehung der Großzügigkeit vermögender Juden Krakaus. So wurde die Remu-Synagoge

(1553) durch Israel ben Josef Isserles, den Vater des berühmten Remu errichtet (S. 105f.). Der Bau der Hojche (Hohe)-Schul (1563), deren Wände ursprünglich mit polychromen Gemälden (biblische Szenen und Gestalten) versehen waren, wurde ebenfalls von privaten Geldgebern finanziert. Die Ajzyk-Schul (1638), die größte der Kazimierz-Synagogen, hat der reiche Kaufmann und Senior der Jüdischen Gemeinde, Isaac Jakubowicz (reb Ajzyk reb Jekeles, vgl. hier S. 98) bauen lassen. Die Popper-Schul (1620) verdankt ihre Entstehung dem Kaufmann und Finanzier Wolf Popper-Bocian (der Storch). Der Name Kupa-Schul (1643) deutet zwar auf eine Büchsensammlung (Kupa) hin, der Bau und die Einrichtung wurden jedoch weitgehend durch die Zunft der Goldschmiede finanziert.

Bemerkenswert ist, daß in den sechs 'großen Synagogen', den 'Batei Haknesset', zu allen Zeiten nur gebetet wurde. Im Gegensatz zu den später gebauten 'Batei Hamidrasch' wurde dort nicht gelernt und kein Kiddusch gemacht. Diese historisch, wahrscheinlich durch staatliche und Synodalbeschlüsse bedingte strenge Zweckbestimmung der - nach der Halacha - nicht bewohnten Häuser fand ihren Ausdruck auch darin, daß an diesen sechs mittelalterlichen Synagogen keine 'Mesusóth' angebracht waren ('Türpfosten', Kapsel mit kleiner Pergamentrolle und der Inschrift 5 Mose 6,4-9 u. 11, 13-21 am rechten Türpfosten jüdischer Wohnungen).

Die Tradition des Synagogenbaus durch private Finanzierung setzte sich auch nach der Eingemeindung von Kazimierz im Jahre 1800 fort, als immer mehr Juden Kazimierz verlassen und sich in allen Wohnbezirken der Stadt Krakau angesiedelt hatten. So stand noch im Jahre 1939 in Krakau (Platz Kossaka) die 'Suchard-Synagoge' im Hause des Industriellen Jekutiel Hakohen Lachs, dem die Schokoladenfabrik Suchard gehörte.

Im Stadtzentrum (Grodzka-Straße), in der unmittelbaren Nähe seines Geschäftes, erbaute der vermögende Textilkaufmann Tigner die moderne 'Tigner-Synagoge', und in der Hl.-Agnieszka-Straße stand die 'Cypres-Synagoge'. In der Nähe des Hauptmarktplatzes (Rynek Glowny) an der Spitalgasse erbaute der Synagogenverein 'Ahavat Reim' die 'Spitalgassen-Synagoge', die nach dem Krieg in eine griechisch-orthodoxe Kirche umgewandelt wurde. An der Grenze zwischen der ursprünglichen 'Judenstadt Kazimierz' und der Stadt Krakau steht noch heute der 'Tempel', die in den Jahren 1860-1862 durch die Gesellschaft der Progressiven Juden ('Zydzi Postepowi') errichtete älteste Reformsynagoge Polens.

Es wird angenommen, daß der ursprüngliche Gebetsritus oder 'Nussach' aschkenasisch und von den Juden aus Böhmen und Deutschland im 13. und 14.

Jahrhundert nach Krakau gebracht worden war. Die Abwandlungen, die zum 'polnischen Nussach' (Gebetstext-Version) führten, wurden wahrscheinlich an der Wende vom 15. zum 16. Jahrhundert eingeführt. Die ersten Gebetbücher mit 'polnischem Nussach' wurden bei Gerschon ben Schlomo ha-Kohen in Prag gedruckt. (Machsor 1522, Jozeroth 1526, Selichot 1529). Denkbar ist, daß der lokale Gebetsritus später durch die Wiener Juden beeinflußt wurde, die, von Kaiser Leopold I. aus Wien vertrieben, sich im Jahre 1670 in Krakau angesiedelt hatten.

Um das Jahr 1780 wurde bekannt, daß in einer privaten Wohnung insgeheim Gottesdienste abgehalten wurden. Zuerst schenkte man dieser Besonderheit keine große Aufmerksamkeit. Als man jedoch feststellte, daß eine Gruppe von Juden konsequent die öffentlichen Synagogen mied und die privaten Gottesdienste von lautem Gesang und Tänzen begleitet wurden, merkten die Krakauer Juden, daß die ersten Chassidim aus dem Osten bei ihnen eingetroffen waren. Der damalige Rabbiner von Krakau, Izak ben Mordechai ha-Levi, der alle „kabbalistischen Auswüchse" (M. Balaban) energisch bekämpfte, belegte am 25. Tischri des Jahres 1785 die Chassidim mit einem 'Cherem' (Bannfluch).

*

Von Interesse ist der Wortlaut des Bannes (nach M. Balaban), weil er die chassidische Bewegung vom Standpunkt der orthodoxen Juden damaliger Zeit charakterisiert: „Sie wollen einen neuen Altar errichten und die Gebetstexte ändern, die durch die Rabbiner festgelegt und durch den Krakauer Rabbiner Moses Isserles bestätigt wurden. Ihre Gebete verrichten sie von Grimassen begleitet nach fremden Melodien. Unsere Vorfahren haben uns doch verboten, ein Wort oder nur ein halbes Wort in den Gebeten zu ändern. Und jetzt kommen die Neulinge, arm im Geiste und ohne die geringsten Talmudkenntnisse und wollen hier ihren eigenen Altar errichten, die alten Gebetstexte ändern und separate Minjanim gründen. Der eine verrichtet beim Gebet merkwürdige Kopfbewegungen, die anderen klatschen mit den Händen und lassen ihre Körper wackeln wie ein Schilfrohr. Sie behaupten, daß nicht der Talmud die Grundlage unserer Religion ist, sondern der Sohar (Kabbala). Sie zerstören die Grundlagen unserer Lehre, halten die Gebetszeiten nicht ein, wie sie von unseren Vorfahren festgelegt worden sind und verlängern ihre Gebete bis zum Mittag. Und um sie herum sammeln sich Hohlköpfe und Leichtsinnige, so daß nur Gott allein weiß, wohin das führen kann, weil viele diesen Hohlköpfen folgen. Sie nennen sich Chassidim - die Frommen - und dabei begehen sie bewußt alle Sünden von Simri. Damit man diese Gefahr von der Gemeinde abwendet,

haben sich die Gelehrten, die Gemeinderabbiner, die Seniores und die Würdenträger unserer Stadt, mit unserem Rabbiner Izak ben Mordechai als Vorsitzendem des heiligen Beth-Din versammelt und beschlossen, daß ein solches Vorgehen in Israel nicht geduldet werden kann. Und deshalb haben wir jeden mit
dem großen Cherem von Josua ben Nun belegt, der sich erdreistet, einen separaten Gottesdienst in unserer Stadt abzuhalten, und jeden, der während des
Gebetes sonderbare Bewegungen mit dem Mund oder mit den Händen ausführt, sich windet wie ein Trunkenbold und den Text und die Ordnung unserer
Gebete verändert, wie wir sie von unseren Vorfahren übernommen haben und
die in dieser Erde verwurzelt sind. Diesen Cherem soll man in allen Synagogen und Lehranstalten unserer Stadt bekanntgeben, und wer sich erdreistet,
einen separaten Minjan zu gründen, soll verstoßen werden und verflucht sein
in dieser und der zukünftigen Welt; und wie ein Hund soll er begraben werden, wenn er stirbt. Dieser Cherem betrifft alle, die mithelfen, einen separaten
Gottesdienst abzuhalten, wie auch diejenigen, die an einem solchen teilnehmen." (M. Balaban, Bd. II, S. 498)

Der „große (strenge) Cherem" erzielte nicht die gewünschte Wirkung. Kalman Epstein (ein Schüler des Zadiks Elimelech aus Lezajsk), in dessen Haus
die ersten Chassidim in Krakau ihr Gebetslokal - 'Klaus' oder 'Stibl' genannt -
gründeten, fand immer mehr Anhänger. Durch den Cherem bedroht, entzogen
sich die Chassidim der Jurisdiktion des Kahals, indem sie ihre 'Klaus' außerhalb der Stadt verlegten.

Auch der zweite Cherem, erlassen im Jahre 1797 durch Rabbiner Hirsch
David Levi (Sohn des Izaks ben Mordechai ha-Levi), nutzte offenbar nicht
viel, weil bereits nach dem Tode seines Vaters, Aron Epstein, die 'Klaus' wieder nach Krakau verlegt werden konnte. 'Reb-Arons-Klaus' in der Józefa-
Straße in Kazimierz existierte noch bis zum Ausbruch des Krieges im Jahre
1939.

So entstanden im jüdischen Wohnbezirk Kazimierz, wo in den dreißiger Jahren etwa 40% der Juden Krakaus wohnten, die 'Stiblech' von chassidischen
'Rebbes' und 'Zaddiks'. Die Anhänger der chassidischen Bewegung (in der
Mehrheit Bobower und Belzer Chassidim), rekrutierten sich vorwiegend aus
den ärmsten Bevölkerungsschichten des jüdischen Wohnbezirks Kazimierz.

Im 'Tempel' (S. 110f.), der in der nächsten Nähe der 'Großen Synagogen'
und der chassidischen 'Stiblech' stand, wurden die Gottesdienste weitgehend
nach dem Ritus der deutschen Reformsynagogen abgehalten. Die Einführung
der Predigten in polnischer Sprache, der Liturgie nach Sulzer und Lewandowski, der Orgelmusik (nicht am Schabbat) und des gemischten Chors (nur

verheiratete Männer und Frauen), haben zu Folge gehabt, daß auch diese Synagoge nach ihrer Errichtung im Jahre 1862 vom damaligen Krakauer Rabbiner Simon Sofer-Schreiber mit einem Cherem belegt wurde. Eine Volkssage berichtet, daß dem Bannfluch zufolge das Tempelgebäude jeden Monat in den Boden einsinken sollte, in eine Tiefe, die dem Durchmesser eines Stecknadelkopfes entspricht.

Jedenfalls verdankt die Stadt Krakau ihre Bezeichnung 'heilige Stadt Krakau', wie die Christen und Juden ihre Stadt scherzhaft nannten, nicht nur den 82 Kirchen, sondern auch den über 80 Synagogen, die auf alle Wohnbezirke der Stadt verteilt waren.

8. Das jüdische Schulwesen in Krakau

Das Schulwesen des Mittelalters hatte religiösen Charakter. Kirchen und Klöster, welche die Schulen führten, nahmen Andersgläubige in ihre Schulen nicht auf und zwangen sie, ihre eigenen Bildungsanstalten zu gründen. Bei den Juden gehörte der Unterricht von Kindern und Jugendlichen zu den wichtigsten Geboten der jüdischen Religion und Tradition und war seit jeher eine der Hauptaufgaben einer jüdischen Gemeinde.

Eine 'Schola Judeorum', eine jüdische Schule, deren Art nicht bekannt ist, wird in den Stadtbüchern der Stadt Krakau im Jahre 1370 zum erstenmal erwähnt. Ein jüdischer Lehrer namens Josef Aaron, bezeichnet als 'scolnik antiquus', wird dort im Jahre 1465 aufgeführt.

Die Gründung der ersten Jeschiwa in Polen durch Rav Jacob ben Josef Polak im Jahre 1500 in Krakau setzte eine organisierte Form der jüdischen Grundausbildung spätestens im 15. Jahrhundert voraus.

Sämtliche Dokumente und Handschriften betreffend die Institutionen der jüdischen Gemeinde fielen den Bränden in der zweiten Hälfte des 15. Jahrhundert zum Opfer. Insbesondere die Feuersbrunst im Jahre 1494, ein Jahr vor der Ankunft der Juden aus Krakau in Kazimierz, beraubte die Jüdische Gemeinde sämtlicher Dokumente und Handschriften. So kamen im Jahre 1495 die Juden aus Krakau nach Kazimierz, bar aller Schriften und Dokumente, auch jener, die das Schulwesen betreffen.

Ein Teil der Schriften und Dokumente bezüglich der Institutionen der Jüdischen Gemeinde Krakaus aus den früheren Jahrhunderten blieb in den alten Stadtbüchern erhalten, allerdings unvollständig.

Die erste Ausgabe des 'Schulchan Aruch' von Joseph Karo mit der 'Mapa' Remus (1569-1571) konfrontierte die Jüdische Gemeinde Krakaus mit zusätzlichen Pflichten im Bereich der Bildung von Kindern und Jugendlichen. Von Mordechai Jaffe, Rabbiner von Posen (1530-1612), stammen die Angaben über die Ausbildung von Knaben: „Vom dritten Lebensjahr an hat ein Junge das hebräische Alphabet zu lernen. Lehrt ihn sein Vater nicht, so hat die Gemeinde auf Kosten des Vaters einen Lehrer zu stellen. Für die Armen hat die Gemeinde Schulen zu gründen. Vom dritten bis zum sechsten Lebensjahr lernt der Knabe lesen. Danach kommt er zu einem Lehrer, der ihm den Thora- und Grammatikunterricht erteilen soll. Dem Lehrer ist es verboten, die Knaben mit einer Rute oder mit einem Stock zu schlagen; nur ein kurzer Riemen sei zulässig. Der Unterricht soll den ganzen Tag bis zum späten Abend dauern, Samstag und Feiertage ausgenommen. Ein Lehrer darf nicht mehr als 25 Schüler unterrichten." (M. Balaban, Bd. I, S. 470)

Im 16. Jahrhundert gab es in Krakau Privatschulen für die Reichen und Gemeindeschulen der Talmud-Thora für die Armen. In der Talmud-Thora-Schule, 'Cheder' genannt, wurde der Unterricht auf zwei Stufen erteilt. Auf der unteren Stufe wurden die Grundlagen der hebräischen Sprache und 'Tenach' (TeNaCH = Thora, Newiím, Chetuwím; Pentateuch, Fünf Bücher Mose) gelehrt, auf der höheren Stufe wurden die Knaben zwischen dem 10. und 13. Lebensjahr in das Talmudstudium eingeführt.

Das Schuljahr begann nach 'Sukkot' (Laubhüttenfest im Spätsommer/ Herbst) und war unterteilt in zwei Semester mit einer Ferien-Unterbrechung während des Pessachfestes. Die Aufsicht über das Schulwesen oblag der Gemeinde bzw. der Schulkommission, die jedes Jahr neu gewählt wurde. An die Stelle der Schulkommission trat später die Talmud-Thora-Bruderschaft, deren älteste Statuten aus dem Jahre 1551 stammen. Die Statuten, zusammen mit anderen Dokumenten der Bruderschaft, verbrannten im Jahre 1623. Im gleichen Jahr löste sich die Bruderschaft infolge der Seuche und des Todes vieler Mitglieder auf. Im Jahre 1637 erfolgte die Neugründung der Bruderschaft, nachdem Rabbiner Joel Sirkes eine Kopie der alten Statuten gefunden hatte. Ergänzt durch sieben neue Paragraphen wurden die alten Statuten wieder in Kraft gesetzt.

Aus dem Jahre 1595 stammen die Gemeindevorschriften, welche die Löhne der Privatlehrer betreffen. Mit rigorosen Strafen wurden die säumigen Eltern geahndet: „Wer für den Unterricht bis Ende des Semesters nicht bezahlt hat, soll mit dem Cherem (Bann) belegt und für den geschuldeten Betrag gepfändet werden. In der Synagoge soll verkündet werden, daß kein Lehrer seinem Jungen Unterricht erteilen darf, bis der frühere Lehrer bezahlt worden ist." (M. Balaban, Bd. I, S. 475)

Den Mädchen wurde das Lesen der hebräischen Gebete und das Schreiben und Lesen in Jiddisch zu Hause beigebracht. Öfter wurden aber auch Mädchen, von den Jungen getrennt, auf der unteren Stufe des Cheders unterrichtet.

Mit der Zeit bekam der Chederunterricht einen Routinecharakter und wurde im 16. Jahrhundert immer heftiger kritisiert. Insbesondere wurden die oberflächliche Behandlung der Bibel und der voreilige Übergang zum Talmudstudium beanstandet. Einer der ersten Kritiker des Unterrichts, Salomon Efraim aus Leczyca (gest. 1619), wies in seinen Werk 'Amudej Schejsch' auf die didaktischen und methodischen Fehler des Unterrichts hin und empfahl, die weniger begabten Schüler nur in 'Mischna' (grundlegender Teil des Talmud), jedoch nicht in 'Gemara' (Erklärungen zur Mischna) zu unterrichten, dafür aber vermehrt den Bibelunterricht zu pflegen. Seine Kritik formulierte Salomon Efraim wie folgt:

„Die Lehre schwankt in unserer Zeit, und sie hängt in der Luft, weil das ganze Jugendunterrichtssystem krank ist. Der Lehrer drückt dem Jungen ein 'Chumasch' (Pentateuch) in die Hand, und statt ihn zu unterrichten, zitiert er einen Haufen Verse aus einem Abschnitt und eine Woche später die Verse aus dem nächsten Abschnitt. Er lehrt ihn nur die Bedeutung der Worte, erklärt jedoch den Sinn der Texte und die Zusammenhänge zwischen den gelernten Texten nicht. Zu früh beginnt der Lehrer mit dem Unterricht von Mischna und Gemara, noch bevor der Junge von der Einzigkeit Gottes und von der Notwendigkeit der Geboterfüllung genügend unterrichtet wurde. Und das sollen die Grundlagen für das Talmudstudium sein? Von der Thora hat der Junge nichts im Gedächtnis behalten, weil er nur die hebräische Sprache, d.h. die Wörter und die Grammatik gelernt hat; dazu braucht es keine Thora, weil man das wie jede andere Sprache aus irgendeinem Buch lernen kann. So vergißt der Junge alles, was er gelernt hat und kennt weder die Vorschriften, noch kann er die Gebote erfüllen." (M. Balaban, Bd. I, S. 475)

Fast 200 Jahre lang sorgte die Talmud-Thora-Bruderschaft für die Ausbildung vor allem der ärmeren Kinder in ihren Cheder-Schulen.

Unter der österreichischen Herrschaft des Kaisers Joseph II. (1765-1790) wurden die ersten öffentlichen Schulen auch für jüdische Kinder gegründet, an welchen jüdische Lehrer aus Deutschland unterrichteten. 1806 wurde jedoch eine solche Schule in Krakau wegen ungenügenden Besuchs geschlossen, und man versuchte, die jüdischen Kinder zu zwingen, eine polnische Pfarrschule in Kazimierz zu besuchen. Nach Errichtung der Freien Republik Krakau im Jahre

1815 ordnete der Senat der neuen Republik die Auflösung der Talmud-Thora-Bruderschaft und die Schließung ihrer Schulen an und verfügte den obligatorischen Besuch der Pfarrschule durch die jüdischen Kinder. Der Senat stellte einen jüdischen Lehrer an, der den jüdischen Kindern in der Pfarrschule den Religionsunterricht in polnischer Sprache erteilen sollte. Gegen die Nominierung des jüdischen Religionslehrers Juljusz Schönborn und gegen die Schließung der Talmud-Thora-Schulen protestierte Rabbiner Hirsch Levi mit der Begründung, daß „die Juden ohne Theologie nicht auskommen können." (M. Balaban, Bd. II, S. 651) Trotz der Ablehnung des Einspruchs durch den Senat im Jahre 1818 werden die Talmud-Thora-Schulen nicht geschlossen.

Infolge des schwachen Besuchs der Pfarrschule durch die jüdischen Kinder eröffnete der Senat im Jahre 1830 eine separate Schule für jüdische Kinder unter der Leitung eines jüdischen Lehrers aus Posen, Adolf Lewicki. Christliche und jüdische Lehrer erteilten den Unterricht, und das Komitee für Jüdische Angelegenheiten, wie der Gemeindevorstand z.Z. der Krakauer Republik hieß, mußte die Kosten übernehmen. Trotz der Proteste seitens der orthodoxen Juden erklärte der Senat im Jahre 1835 den Besuch der Grundschule für die jüdischen Kinder für obligatorisch.

Im Jahre 1837 wurde eine Jüdische Industrie- und Handelsmittelschule gegründet mit gesonderten Abteilungen für Jungen und Mädchen. Zusammen mit der Grundschule entstand somit bereits im Jahre 1837 ein öffentliches, obligatorisches Schulsystem für jüdische Kinder und Jugendliche. Um den Widerstand der orthodoxen Juden zu überwinden, hat das Schuldepartement der Krakauer Republik die Anzahl Stunden in den Fächern Religion und hebräische Sprache auf allen Unterrichtsstufen erhöht. Nebst den judaistischen Fächern umfaßte das Lehrprogramm die polnische und die deutsche Sprache, Grammatik und Rechnen. In der staatlichen Mittelschule wurden die Grundlagen der Industrie- und Handelslehre, Geschichte, Geographie, Zeichnen und Kalligraphie unterrichtet.

Das Unterrichtsprogramm in den judaistischen Fächern war streng geregelt. So wurden bereits in der ersten Klasse das erste Buch Mose und das Buch Josua übersetzt sowie die hebräische Grammatik gelehrt. In der zweiten Klasse wurden das zweite und das dritte Buch Moses, die Richter und das erste Buch Samuel übersetzt. In der dritten Klasse wurden das vierte und das fünfte Buch Mose unterrichtet, das zweite Buch Samuel und 17 Abschnitte aus dem Buch der Könige übersetzt. In den höheren Klassen wurden die Grundlagen der jüdischen Ethik unterrichtet.

Die Schule stand unter der Aufsicht des Schuldepartements der Krakauer Republik, ausgeübt durch Professor Michal Wiszniewski, der sich um die Schule und ihren Bildungsstand verdient gemacht hat. Über die ersten öffentlichen Prüfungen an dieser Jüdischen Staatsschule in Krakau, mit Preisverleihung durch Rabbiner Meizels, berichteten im Jahre 1836 die polnischen Zeitungen mit Lob und Anerkennung. Trotz der starken Opposition der streng orthodoxen und chassidischen Kreise nahm die Zahl der Schüler ständig zu. Im Jahre 1845 wurden bereits 298 Schüler und Schülerinnen durch fünf christliche und drei jüdische Lehrer unter der Leitung eines jüdischen Schuldirektors unterrichtet.

*

Die Beziehungen zur Krakauer Akademie seit ihrer Gründung im Jahre 1364 und der Sitz der ersten polnischen Jeschiwa in Krakau seit 1500 haben schon früh einem Einfluß auf das kulturelle Leben der Krakauer Juden, auf ihre Rabbiner und Seniores und auf ihr Verständnis für ein organisiertes Bildungswesen und die Erziehung der Jugend ausgeübt.

Die ununterbrochene Tätigkeit der Talmud-Thora-Bruderschaft seit 1551 und der Einbezug der Juden in das obligatorische Schulsystem unter der österreichischen Herrschaft bereits in der zweiten Hälfte des 18. Jahrhunderts hatten zur Folge, daß bei der Entstehung der Polnischen Republik im Jahre 1918 die Krakauer Juden auf eine reiche Erfahrung auf dem Gebiet des organisierten Schulwesens zurückblicken konnten. Diese Erfahrungen zu nutzen und das Schulsystem unter Berücksichtigung der modernen Bildungsanforderungen weiterzuentwickeln, verstanden die Krakauer Juden in der letzten Phase der Existenz ihrer Gemeinde in den Jahren 1918-1939.

Die streng orthodoxen Juden behielten ihre Talmud-Thora-Schulen. Durch die Übernahme eines Minimalprogramms in den allgemeinbildenden Fächern in polnischer Sprache erhielten sie den Status von Privatschulen. Konkurrieren mußte die 'Talmud-Thora' mit der im Jahre 1921 gegründeten 'Jessodei-ha-Thora-Schule'. Mit modernisiertem Unterricht in den judaistischen Fächern erhielt diese Schule durch die vollständige Übernahme des Schulprogramms der Staatsschulen in allgemeinbildenden Fächern in polnischer Sprache die vollen Staatsrechte, die den Schülern während der obligatorischen Schulzeit (8 Jahre) einen prüfungsfreien Übertritt in die polnischen Staatsschulen ermöglichten.

Gegen den erbitterten Widerstand der Orthodoxie wurde die Schule 'Cheder Ivri' im Jahre 1921 von der religiös-zionistischen Misrachi-Organisation gegründet. Mit Hebräisch als Unterrichtssprache in den judaistischen Fächern und mit Polnisch im übrigen Unterricht unter die Aufsicht der polnischen Schulbehörden gestellt, erlangte die Schule in kurzer Zeit die Staatsrechte. Im vierstöckigen, neuerstellten Gebäude wurden im Jahre 1931 die Volksschule 'Cheder Ivri' und das im Jahre 1927 gegründete Gymnasium 'Tachkemoni' untergebracht. Da das Tachkemoni-Gymnasium noch keine Staatsrechte besaß, mußten die Schüler, die das Abitur ablegen wollten, ein oder zwei Jahre vor der Matura (Abitur) in das Hebräische Gymnasium überwechseln. Im Jahre 1939 zählten die beiden Mizrachi-Schulen 400 Schüler, unterrichtet von 24 Lehrern.

In einer polnischen Volksschule im jüdischen Wohnbezirk Kazimierz, wo etwa 40% der Krakauer Juden wohnten, wurden von polnischen und jüdischen Lehrern nur jüdische Schüler unterrichtet. Den obligatorischen jüdischen Religionsunterricht in polnischer Sprache erhielten die Schüler an einem Nachmittag pro Woche. Den gleichen Religionsunterricht - der nicht auf einem sehr hohen Niveau lag - erhielten auch diejenigen jüdischen Schüler und Schülerinnen, welche die polnischen Staatsschulen außerhalb des jüdischen Wohnbezirks besuchten.

Bereits im Jahre 1902 wurde die 'Gesellschaft der hebräischen Volks- und Mittelschule' gegründet. Trotz des Widerstands der Orthodoxie, aber auch der assimilierten antizionistischen Kreise, gelang es der Gesellschaft, im Jahre 1908 eine staatliche Lizenz für die Schulgründung zu erhalten. Mit 30 Schülern gegründet, zählte die Schule vier Jahre später bereits 120 Schüler. Durch die Widerstände, mit denen die Schule konfrontiert war, wurde der Erwerb einer geeigneten Parzelle oder Liegenschaft zuerst verhindert. Eltern, deren Kinder die hebräische Schule besuchten, wurden aus einigen Synagogengemeinden ausgeschlossen. Trotz der Schwierigkeiten gelang es der Gesellschaft im Jahre 1918, in unmittelbarer Nähe der Reformsynagoge ('Tempel') ein dreistöckiges Gebäude zu errichten. Im gleichen Jahr wurde auch das Hebräische Gymnasium gegründet und die erste Gymnasialklasse mit 15 Schülern und Schülerinnen im neu erstellten Gebäude untergebracht. 1924 wurde ein zweites Gebäude erstellt. 1926 wurden am Hebräischen Gymnasium - dem einzigen Koedukationsgymnasium in Krakau - die ersten Reifeprüfungen in hebräischer und polnischer Sprache abgelegt, nachdem das Gymnasium die Staatsrechte erhalten hatte.

Im Jahr 1930 wurde der Schulgebäudekomplex durch ein drittes, vierstöckiges Gebäude erweitert. Auf Initiative der traditionell ausgerichteten Schüler wurde im Jahre 1931 im neu erstellten Schulgebäude die Schulsynagoge 'Beth

Hamidrasch Nachlat Avot' errichtet. Die Sefer Thora (Thorarolle), von der Schuldirektion gestiftet, wurde bis zur Einrichtung des Synagogenraumes in der 'Altschul' aufbewahrt, der ältesten Synagoge Krakaus. In einem feierlichen Umzug durch die jüdischen Gassen des Wohnbezirks Kazimierz, an dem Tausende Juden teilnahmen, wurde die Sefer Thora von der Altschul in das neue 'Beth Hamidrasch' des Hebräischen Gymnasiums überführt. Angeführt wurde der festlicher Umzug durch das Orchester des Gymnasiums, auf das die Krakauer Juden sehr stolz waren. Als eine der besten Jugendformationen dieser Art nahm es an allen polnischen und jüdischen Festveranstaltungen teil. Den Fahnenzug des Hebräischen Gymnasiums kannten alle Juden in Krakau.

In Übereinstimmung mit dem polnischen Gymnasialsystem führte das Hebräische Gymnasium eine humanistische, eine mathematisch-physikalische und eine biologische Abteilung. Das hohe Ausbildungsniveau verdankte die Schule ihren hervorragenden Lehrern, unter ihnen der Mathematiker Hirsch Scherer, die Polonisten und Schriftsteller Chaim Löw und Juliusz Feldhorn, der Naturwissenschaftler und Dozent an der Jagiellonischen Universität, Joachim Metallman, der Hebraist und Lektor für hebräische Sprache an der Krakauer Universität, Benzion Katz, und der Philosoph Benzion Rapaport, der die judaistischen Fächer unterrichtete.

Seit 1934 wurden die Absolventen des Hebräischen Gymnasiums in Krakau in die Hebräische Universität in Jerusalem ohne Aufnahmeprüfungen aufgenommen. - In den Jahren 1931-1933 wurde die Hebräische Schule durch eine Technische Mittelschule erweitert. Die Schule, an der auch die judaistischen Fächer unterrichtet wurden, führte die Abteilungen für Mechanik, Schreinerei und Bautechnik. - Im Schuljahr 1936/37 besuchten 1'350 Schüler und Schülerinnen die Hebräische Schule. Davon waren etwa 500 in der Volksschule, etwa 750 im Gymnasium und ca. 80 in der Technischen Mittelschule. Im letzten Jahr ihrer Existenz (1938/39) ist die Zahl der Schüler auf über 1'400 gestiegen.

Auf Initiative der jüdischen Absolventen der Krakauer Handelshochschule wurde mit der Unterstützung des 'Verbandes der Jüdischen Kaufleute' in Krakau unter der Leitung von Dr. Samuel Stendig (1942 in Lemberg ermordet), eines Philologen, Publizisten und Lehrers am Hebräischen Gymnasium, die Hebräische Handelsschule gegründet, die später in ein Handelsgymnasium umgewandelt wurde. Die hebräischen und judaistischen Fächer wurden nach dem gleichen Programm wie im Hebräischen Gymnasium unterrichtet. Im Jahre 1939 besuchten 400 Schüler und Schülerinnen das Hebräische Handelsgymnasium.

Von den 20 Lehrern, die im Jahr 1939 an dieser Schule unterrichtet hatten, überlebten den Krieg und wirkten später in Israel: Mag. Silberpfennig, Dr. Schlang, Dr. Mala Mandelbaum und ihr Ehemann Dr. Stanislaw Mandelbaum.

Im Jahre 1917 wurde in Krakau durch Sarah Schenierer (1883-1935) die erste Grund- und Mittelschule für orthodoxe Mädchen gegründet. Unter den Namen 'Beth-Jaakow' entstand das heute weltumspannende Beth-Jaakow-Schulsystem, welches dank der unermüdlichen Tätigkeit ihrer Gründerin bereits im Jahre 1929 147 Schulen in Polen und 20 Schulen in Litauen, Lettland und Österreich umfaßte. Im Jahr 1938 wurden in Polen in 230 Bet-Jaakow-Schulen 27'000 Mädchen unterrichtet.

Mit Unterstützung Rabbi Meir Shapiros, Rektor der Lubliner Jeschiwa, gründete Sarah Schenierer im Jahre 1922 das erste Beth-Jaakow-Lehrerinnenseminar in Krakau mit 120 Schülerinnen. In das Seminar wurden nach einer dreimonatigen Probezeit Töchter religiöser Eltern mit einer Mittelschulbildung aufgenommen, und zwar nur auf Empfehlung von zwei religiösen Persönlichkeiten. Auswärtige Schülerinnen wohnten in einem der Schule angeschlossenen Internat. Seit 1929 wurde das Beth-Jaakow-Schulsystem von der 'Agudat Israel' finanziert. Ein neues vierstöckiges Seminar-Schulgebäude mit Internat wurde im Jahre 1932 errichtet. In den dreißiger Jahren wurden in Beth-Jaakow-Seminar rund 450 Mädchen, darunter Schülerinnen aus England und USA, durch jüdische Lehrerinnen und Pädagoginnen ausgebildet, die z.T. aus Frankfurt gekommen waren.

Sarah Schenierer leistete auf dem Gebiete der Ausbildung von orthodoxen Lehrerinnen Pionierarbeit, indem sie die Ausbildungsunterlagen selbst erarbeitete und publizierte. 'Sarahs-Töchter' - so nannte man in Krakau die Absolventinnen des Beth-Jaakov-Seminars - wurden bei der Berufsausübung von Sarah Schenierer begleitet und aktiv unterstützt. Die unermüdliche Frau reiste zu ihren 'Töchtern', die in ganz Polen Unterricht erteilten, und stand ihnen mit Rat und Tat zur Seite. Als sie im Jahre 1935 starb, setzten sich die Frauen in Krakau zum ersten Mal über das Verbot der Teilnahme an Beerdigungen hinweg. Tausende von Frauen aus dem In- und Ausland begleiten Sarah Schenierer auf ihrem letzten Weg zum Krakauer Friedhof.

Eine WIZO-Mädchen-Berufsmittelschule, die den Namen 'Ognisko Pracy' ('Zentrum der Arbeit') trug, wurde im Jahr 1916 gegründet und seit 1923 in einem eigenen, durch den Industriellen F. Fraenkel gestifteten Schulgebäude untergebracht. In den dreißiger Jahren erhielten dort 200 Mädchen eine Ausbildung in allgemeinen und judaistischen Fächern und wurden im Entwerfen und in der Herstellung von Damenkleidern und in Handarbeiten unterrichtet.

9. Juden an der Krakauer Universität

Ein Bericht über die Übergriffe von Studenten auf Juden im 12. Jahrhundert enthält den allerersten Hinweis auf die Anwesenheit von Juden in Krakau.

Eine der ersten Steuern, welche die Juden in Krakau entrichten mußten, war der von den Studenten erhobene 'Kozubalec'. Die Etymologie dieses Wortes, das altpolnisch auf eine Art von Holzbehälter hinweist, führten die Juden auf das hebräische 'ktaw loaz' ('fremde Schrift') zurück, womit die Steuer für die Hefte und Schreibutensilien für christliche Studenten umschrieben wurde. Taxen waren festgelegt „für einen jüdischen Wagen, für einen jüdischen Pferdereiter und für einen jüdischen Fußgänger" (M. Balaban, Bd. I, S. 393).

Mit der Gründung der Universität im Jahre 1364 durch König Kasimir den Großen in der Mitte der Platea Judeorum (damals die Jüdische Gasse, heute Hl.-Anna-Straße) beginnen die ersten Kontakte der Juden mit der Krakauer Akademie. In der Gründungsurkunde der Universität wird das Amt eines 'Kampsors' festgehalten, ausgeübt durch einen jüdischen Bankier, der an Studenten und Professoren Geld auszuleihen hatte, und zwar zu einem reduzierten Zinssatz, der 25% nicht überschreiten durfte. Im Jahr 1400 erweiterte der Nachfolger Kasimirs des Großen, König Wladyslaw Jagiello, die Universität durch Erstellung eines Gebäudes in der Jüdischen Gasse für das Studium generale, nachdem die Juden zum Verkauf ihrer Häuser, ihrer zwei Synagogen und der angrenzenden Friedhöfe gezwungen worden waren. Das Amt des Kampsors wurde bestätigt mit der Zusatzbestimmung, daß dieses von einem in Krakau wohnenden Juden ausgeübt werden muß. Dieser Kampsor knüpfte jahrhundertelang die Kontakte zwischen der Krakauer Akademie und der Jüdischen Gemeinde und informierte die Rabbiner und Seniores über die Vorgänge und Entwicklungen an der Universität. Noch im Jahr 1654 klagte der Kampsor die Studenten beim Rektoratsgericht an, daß sie „den Kozubalec von den Juden nicht nach Tarif, sondern willkürlich nach ihrem Gutdünken fordern" (M. Balaban, Bd. I, S. 393).

„An den Rektor, die Doktoren und die Professoren" mußte die Jüdische Gemeinde Naturalsteuer in Form von „Zucker, Pfeffer, Ingwer, Rosinen, Safran und Zimt zweimal im Jahr, d.h. zu Weihnachten und Ostern als Gegenleistung für die Bändigung der Ausgelassenheit der Jugend durch die Professoren und die Pedells" entrichten. Geldsteuern mußte die Jüdische Gemeinde auch an den Rektor der Akademie, an den Schreiber des Rektoratsgerichtes und an die Universitätspedelle „für den Schutz der Juden vor Studentenübergriffen" zahlen (M. Balaban, Bd. I, S. 394).

Mit der Verbreitung des Humanismus und der Reformation in Europa wuchs auch das Interesse der Christen am Studium der Bibel in der Originalsprache. An der Wende vom 15. zum 16. Jahrhundert gab es jedoch nur wenige Christen, welche die hebräische Sprache unterrichten konnten. So suchten die Universitäten und die Kirche Kontakte zu den Juden, die diese Aufgabe übernehmen könnten. Der bekannteste von ihnen war Elja Lewita (1469-1549), 'magister totius Christianitatis' in Italien, zu dem die Gelehrten und Kardinäle aus Italien und Deutschland gepilgert waren. In Deutschland hat sich Dr. Elias Loans Ruhm als Lehrer erworben; bei ihm hatte der Philosoph, Humanist und Reformationsgegner Johannes Reuchlin (1455-1522) die hebräische Sprache erlernt.

Es war Bischof Tomicki, der in Warschau einen Juden namens Dawid gefunden hat, der nach der Taufe in Krakau als Lionardus Dawid um das Jahr 1530 an der Jagiellonischen Universität als erster Dozent für hebräische Sprache und Grammatik lehrte.

Ansonsten ist nichts über die Präsenz von Juden an der theologischen, philosophischen oder juristischen Fakultät der Universität Krakau im Mittelalter bekannt. Ohnehin hätte das Studium an diesen Fakultäten für Juden keine praktische Bedeutung gehabt.

Hingegen waren sie am Studium der Medizin interessiert. Bedeutsam war deshalb der Antrag, der von Rafal Czerniakowski, Professor für Chirurgie und Gynäkologie, im Jahre 1791 auf der Sitzung des Collegium Physicum gestellt wurde. Danach „sollen Schritte unternommen werden, daß geeignete Menschen jeder Religion an der medizinischen Fakultät doktorieren können" (J. Bieniarzówna, in: Krzysztofory 15, 1988, S. 33-39).

In den erhaltenen Studentenverzeichnissen aus den Jahren 1790/91 und 1791/92 sind jedoch keine Juden zu finden. Bis Ende des 18. Jahrhunderts behielt somit die Krakauer Universität ihren konfessionellen Charakter.

Sporadisch erscheinen Namen von jüdischen Studenten an der medizinischen Abteilung Anfang des 19. Jahrhunderts, als erster Salomon Wolf aus Wolmbrom im Jahre 1802. Bis 1846 studierten an der Jagiellonischen Universität 66 Juden Medizin. An die anderen Fakultäten drängten sich die Juden aus praktischen Gründen nicht; nur sechs jüdische Studenten waren in den Jahren 1829-

1849 an der juristischen und ebensoviele an der philosophischen Fakultät immatrikuliert.

Noch im Jahr 1869 studierten in Krakau nur 25 Juden Recht und Medizin, aber bereits 1911 findet man unter den 3'200 Studenten 500 Juden. Genaue Angaben über die Anzahl der jüdischen Studenten und ihren prozentualen Anteil an der Gesamtzahl der Studierenden an der Krakauer Universität liegen erst seit der Enstehung der Polnischen Republik im Jahre 1921 vor[7].

	21/22	23/24	30/31	33/34	37/38
Jüd. Studenten	1.339	1.716	1.857	1.455	673
% Anteil	29,6	32,3	25,9	20,3	12,2

Die absolute und die prozentuale Abnahme der Zahl der jüdischen Studenten spiegelt den wachsenden Antisemitismus in den dreißiger Jahren in Polen wider. Die Einführung von 'Ghetto-Bänken' und numerus clausus an allen Fakultäten (juristische Fakultät ausgenommen), seit 1938 des numerus nullus an der medizinischen Fakultät, war Folge des Druckes der antisemitischen Studentenorganisationen und der nationalistischen Kreise auf das Rektorat der Universität.

Der lang andauernde Widerstand des Rektorats gegen die antijüdischen Ausschreitungen bis zur Schließung der Universität für die Dauer von einer Woche im Oktober 1937 hatte zur Folge, daß trotz der zahlreichen antijüdischen Ausschreitungen die Verhältnisse für die jüdischen Studenten in Krakau erträglicher waren als an anderen polnischen Hochschulen. Mehrere christliche Professoren und Dozenten protestierten gegen die Diskriminierung der Juden und nahmen bei den Vorlesungen ostentativ an den für die Juden bestimmten Bänken Platz.

Bis zum Ausbruch des Krieges am 1. September 1939 dozierten jüdische Professoren an der Krakauer Universität. Zum Professorenkollegium gehörten der Mediziner Dr. Józef Oettinger, der Kriminologe Dr. Józef Reinhold, die Rechtswissenschaftler Dr. Taubenschlag und Dr. Rosenblatt, der Wirtschaftswissenschafter Dr. Zweig, der Philosoph Dr. Leon Sternbach, der Biologe Dr. Joachim Metallman, der Historiker Dr. Józef Feldman und der Lektor für hebräische Sprache Dr. Benzion Katz.

---

[7] Z. Wordliczek, „Mlodziez wyznania mojzeszowego na Uniwersytecie Jagiellonskim" (poln. „Jugend mosaischen Glaubens an der Jagiellonischen Universität"). Krzysztofory, S. 40-57, Krakau 1988.

Zu den Absolventen der Jagiellonischen Universität gehörten bekannte jüdische Wissenschaftler wie der Bakteriologe Filip Eisenberg (1876-1942), der Hämatologe Julian Aleksandrowicz (1908-88) und der später in Israel lebende Linguist und Slawist Mosche Altbauer, dessen Doktorat nach 50 Jahren 1986 an der Jagiellonischen Universität feierlich erneuert wurde.

Das Bild der jüdischen akademischen Jugend wäre unvollständig ohne Nennung der jüdischen Studentenorganisationen. Der älteste Verband der jüdischen Studenten in Krakau wurde unter dem Namen 'Ognisko' ('Feuerstelle', Kulturzentrum) im Jahr 1897 gegründet. Die Aktivitäten der Verbindung, durch den Ersten Weltkrieg unterbrochen, wurden nach der Anerkennung ihrer Statuten durch den Senat der Universität am 3. Juli 1923 wieder aufgenommen. Unter die Aufsicht des Universitätssenats gestellt, vertrat der Verband die Interessen der jüdischen Studenten an der Jagiellonischen Universität. Dieses offizielle Organ der jüdischen Studentenschaft setzte sich zusammen aus Vertretern jüdischer Studentenorganisationen verschiedener Richtung: die allgemeine zionistische 'Haschahar Przedswit', die links-zionistische 'Akademische Gordonia', die antizionistische 'Zwiazek' ('Verband') und 'Zycie' ('Leben'), die assimilatorische 'Zjednoczenie' ('Vereinigung') und die religiöse Studentenverbindung 'Moria'. Zwei geschlossene Studentenverbindungen organisiert nach dem Muster der deutschen Studentenkorporationen, nämlich die 'Kadimah' und die 'Emuna', verteidigten als 'schlagende' Verbindungen die jüdischen Studenten bei den regelmäßigen antijüdischen Ausschreitungen zu Beginn des akademischen Jahres.

Auf Initiative der offiziellen Vertretung der jüdischen Studentenschaft 'Ognisko' und mit Hilfe der Krakauer Bnei-Brith-Loge 'Solidarnosc', wurde in den Jahren 1924-1926 der 'Dom Akademicki' ('Haus der Akademiker') erstellt. In dem vierstöckigen Gebäude (das Haus stand noch 1997) wurde das jüdische Studentenheim mit 46 komfortabel eingerichteten Zimmern für 140 Studenten untergebracht. Die Zimmer wurden für ein geringes Entgelt an auswärtige Studenten vermietet. Auswärtige Studentinnen wurden vom 'Ognisko' mit 'Wohnungsstipendien' unterstützt. Eine hauseigene Küche sorgte für koschere Verpflegung der Studenten. Ein Lesesaal und Repräsentationsräume wurden zum kulturellen Zentrum der jüdischen Akademiker in Krakau.

Auf die Rolle, welche die jüdischen Hochschulabsolventen im kulturellen und gesellschaftlichen Leben Krakaus spielten, weisen die folgenden Zahlen aus den dreißiger Jahren hin: von den 1'300 Rechtsanwälten in Krakau waren 800 Juden. In Krakau amtierten auch jüdische Richter, zuletzt Dr. Farbenschütz, Dr. Schenker und Dr. Wischnitzer (gest. 1994 in den USA). Von den

300 frei praktizierenden Ärzten waren 60 Juden und von den im Jahre 1939 in der Krankenkasse ('Krakowska Ubezpieczalnia Spoleczna') tätigen 162 Ärzten waren 84 Juden oder jüdischer Abstammung[8].

10. Namhafte jüdische Ärzte in Krakau

Als erster jüdischer Arzt in Krakau wird im Jahre 1465 Mojzesz aus Przemysl genannt, Doktor der Medizin und Senior der jüdischen Gemeinde. Die späteren Angaben beziehen sich auf Mediziner, die bereits nach 1495 in der Judenstadt Kazimierz wirkten, unter ihnen Izaczko, „in arte medica eruditus", und sein Zeitgenosse, Doctor Israel Gerschon Bocian ('Storch', vulgo Popper), Gründer der Familie Bocian-Popper die in der ersten Hälfte des 17. Jahrhunderts eine bedeutende Rolle spielte und dessen Nachkomme, der Kaufmann und Finanzier Wolf Bocian-Popper im Jahre 1620 die noch heute stehende Popper-Synagoge bauen ließ.

Aus Spanien kam in der zweiten Hälfte des 15. Jahrhunderts der berühmteste Arzt des Mittelalters in Polen, 'Isaac aus Spanien' (gest. 1510), der Hofarzt der Könige Jan Olbracht (1492-1501), Alexander (1501-1506) und Sigismund (Zygmunt) I. des Alten (1506-1548) war.

M. Balaban zählt 14 Ärzte, die in der jüdischen Stadt Kazimierz im 16. und in der ersten Hälfte des 17. Jahrhunderts lebten (Bd.I, S. 459-61). Dr. Samuel bar Meschulam aus Italien (gest.1552) war Hofarzt der Königin Bona Sforza (1518-57) und des Königs Sigismund (Zygmunt) II. August (1548-1572). Dr. Mojzesz Fiszel (gest. 1541), ein Enkel des gleichnamigen königlichen Bankiers, war Rabbiner (Schüler von Jakob Polak), der in Padua Medizin studierte. Er war auch ein Hofarzt des Königs Sigismund (Zygmunt) I. des Alten und wurde im Jahre 1532 vom gleichen König „zum Rabbiner aller Krakauer Juden" ernannt. Dr. Eliezer Aschkenazy (1512-1585) war Arzt und Rabbiner in Kairo, Famagusta, Posen und Krakau. Dr. Salomon Aschkenazy war Hofarzt König Sigismunds II. August, Dr. Salomon Kalahora aus Spanien (gest. 1597) wirkte am Hofe der Könige Sigismund II. August und Stefan Batory (1575-1586), und Dr. Emanuel de Jon, Schwiegervater des Krakauer Rabbiners Izak Landau (1754-1767), war Hofarzt des Königs Jan Sobieski (1673-1696).

---

[8] A. Bieberstein, Zaglada Zydów w Krakowie (poln. Die Vernichtung der Juden in Krakau). Wydawnictwo Literackie, Krakau 1985.

Die restaurierten Grabsteine der Ärzte Samuel bar Meschulam, Salomon Kalahora und Eliezer Aschkenazy stehen noch heute auf dem Remu-Friedhof.

Anfang des 17. Jahrhunderts wirkten in Krakau Ärzte, die in Padua Medizin studiert hatten, darunter Dr. Samuel Kac Hacohen ('Samuel de sacerdotibus Patavinus, medicinae doctor'), der ein Verwandter von Remu war. Seine Nachfolger waren Dr. Dawid Morpugo (Promotion in Padua 1623), ein Sohn des Rabbiners von Padua und Senior der jüdischen Gemeinde in Krakau. Ende des 17. Jahrhunderts ist Dr. Aron Morpugo (gest. 1692) als Doktor der Medizin und Philosophie verzeichnet.

Trotz des Verbotes der Kirche und des erbitterten Widerstandes der christlichen Ärzte gegen die jüdische Konkurrenz, nahmen die geistliche und weltliche Aristokratie und alle polnischen Könige des 15. und 16. Jahrhunderts die Dienste der jüdischen Ärzte in Anspruch.

Dr. Salomon Kalahora aus Spanien, Hofarzt der Könige Sigismund II. August und Stefan Batory, eröffnete Mitte des 16. Jahrhunderts in Krakau auch eine Apotheke, die er noch zu seinen Lebzeiten seinem Sohn Mojzesz vermachte. In vier Generationen bis Mitte des 17. Jahrhunderts führte die Familie Kalahora die Apotheke in Kazimierz und belieferte auch die Jüdische Gemeinde mit Medikamenten für die Armen. Der Enkel von Dr. Salomon Kalahora, Matatjasz Kalahora, Apotheker sowie Arzt am Dominikanerkloster und Senior der jüdischen Gemeinde, wurde angeklagt, Christus und Maria beleidigt zu haben und im Jahre 1663 in Piotrków auf dem Scheiterhaufen verbrannt, seine Asche ist auf dem Remu-Friedhof bestattet.

Eine weitere Apotheke gründete im Jahre 1651 Majer ben Mosche und holte aus Florenz Josef ben Jehuda, damit er ihn „die Apothekerkunst lehrt, die man Alchimie nennt". Der Vertrag sah vor, daß „der Lehrer ihn in alle Geheimnisse der Lehre einführt und ihm nichts verheimlicht" (M. Balaban, Bd. I, S. 468).

Dr. Aron Kalahora, ein Urenkel von Dr. Samuel Kalahora aus Spanien und Senior der Jüdischen Gemeinde, war der erster Jude, der Anfang des 18. Jahrhundert versuchte, an der Jagiellonischen Universität zu promovieren, nachdem er bereits längere Zeit in Krakau als Arzt praktiziert hatte. Als ihm die Akademie die Aufnahme verweigerte, waren es die Medizinprofessoren Lopacki und Bonfiglii (1723) sowie später die Rektoren Kurowski (1724) und Lukini (1727), die ihm Zeugnisse ausstellten, in welchen seine medizinischen Kenntnisse und die Fähigkeit bestätigt wurden, den Arztberuf auszuüben. Seinen Sohn Mendel (gest. 1779) schickte Dr. Aron Kalahora zum Medizinstudium nach Frankfurt an der Oder, wo bereits im Jahre 1678 „Studenten mosaischen Glaubens" registriert wurden und zwischen 1721 und 1794 genau 29 Juden das Medizinstudium abschlossen (M. Balaban, Bd. II, S. 530).

Bis Ende des 18. Jahrhunderts behielt die Krakauer Universität ihren konfessionellen Charakter und nahm keine Juden auf. Erst im Jahre 1802 findet sich der Name des ersten jüdischen Studenten der Medizin in der Person von Salomon Wolf aus Wolbrom, der später als Chirurg in Kazimierz wirkte. Seinen Sohn Samuel Wolf, der ebenfalls an der Jagiellonischen Universität studierte, begegnet man im Jahre 1841 als Chirurg am jüdischen Spital in Krakau.

Der bekannteste jüdische Arzt in Krakau in der ersten Hälfte des 19. Jahrhunderts war Dr. Henryk Saul Rosenzweig (geb.1794), der in Berlin Medizin studiert hatte, in Krakau am jüdischen Spital wirkte und sich 1849 bei der Bekämpfung der Cholera-Epidemie in Krakau verdient machte. Seine drei Söhne Leon, Michal und Izydor (geb. 1829), die - alle in Krakau geboren - an der Jagiellonischen Universität Medizin studierten, bilden die erste 'Krakauer Dynastie' der an der Jagiellonischen Universität promovierten jüdischen Ärzte.

Nachdem bei der dritten Teilung Polens im Jahre 1795 Krakau unter die österreichische Herrschaft kam, erfolgte die Umwandlung der Krakauer Ärzteschule als eine Abteilung des Collegium Physicum in eine selbständige Medizinische Fakultät. Die Übernahme der neu errichteten Lehrstühle durch die österreichischen Professoren führte zur einer raschen Germanisierung der medizinischen Fakultät. In polnischer Sprache wurde Medizin nur in den unteren Semestern gelehrt.

Die Verzeichnisse der jüdischen Medizinstudenten in Krakau aus dem 19. Jahrhundert umfassen 66 Namen und sind nicht vollständig, weil die Studentenverzeichnisse aus vielen Studienjahren fehlen. Bei 44 dieser Studenten ist die Familienherkunft bekannt. Die meisten waren Söhne von Kaufleuten, Händlern, Wechslern, von 'Kapitalisten' und 'Spekulanten'. 11 Studenten entstammten der Familien von Ärzten, Chirurgen und Hebammen und fünf aus Handwerkerfamilien. 15 waren Werkstudenten: „erhält sich selbst" oder „lebt vom Stundengeben", lautete der Vermerk von J. Bieniarzowna (in: Krzysztofory 15, 1988, S. 33-39).

Zu Beginn des 20. Jahrhunderts läßt sich eine starke Zunahme der jüdischen Medizinstudenten an der Jagiellonischen Universität feststellen. Zwischen den Jahren 1913/14 und 1920/21 stieg der Anteil der jüdischen Studenten an der medizinischen Fakultät von 22,3% auf 36,6%. Infolge zunehmender nationalistischer und antisemitischer Strömungen in der neu entstandenen Republik Polen nach 1920, der Einführung des numerus clausus an allen Fakultäten (juristische Fakultät ausgenommen) und des numerus nullus an der medizinischen

Fakultät (im Jahre 1938), sank der Anteil der jüdischen Studenten der Medizin in den Jahren 1936/37 auf 7,7%. Von den 96 angemeldeten jüdischen Studenten wurden im Jahre 1936/37 nur 12 aufgenommen und im akademischen Jahr 1938/39 keiner (vgl. Fußnote 7, S. 71).

Im Jahre 1938 hat die medizinische Fakultät beschlossen, keine der im Ausland erworbenen Ärztediplome mehr anzuerkennen. Diese Bestimmung richtete sich ausschließlich gegen die Juden, die infolge der Einschränkungen an der Krakauer Universität im Ausland hatten studieren müssen.

*

Bereits in den Statuten der Jüdischen Gemeinde Krakaus aus dem Jahre 1595 werden im § 67 die Zuständigkeit und die Verantwortung für die Betreuung eines Spitals und eines Altersheims genau festgelegt und dem als 'Hekdesch' bezeichneten Tätigkeitsbereich zugeordnet. Als 'Hekdeschman' bezeichnete man damals den Krankenpfleger (M. Balaban, Bd. I S. 453). Betreut wurden die Spitalpatienten von den in Kazimierz tätigen jüdischen Ärzten, die in Italien (Padua) studiert hatten, von den praktischen Ärzten ohne akademische Bildung und von den jüdischen Feldscherern, die zum medizinischen Personal gehörten. Im Jahre 1660 untersagte der Kahal die Behandlung der Spitalpatienten durch die Hekdeschmänner (Pfleger) ohne die Aufsicht von Dr. David Morpugo. Eine organisierte Form des jüdischen Spitalwesens bestand somit ununterbrochen in Krakau seit dem Mittelalter.

1822 kaufte die Jüdische Gemeinde eine große Parzelle in der unmittelbaren Nähe des später errichteten Verwaltungsgebäudes des Kahals und erstellte dort im Jahre 1839 ein neues, einstöckiges Spitalgebäude mit 42 Betten. Im Jahre 1855 wurde Dr. Józef Oettinger (1818-1895) zum Spitaldirektor ernannt, der erste Jude, der die Venia legendi an der Jagiellonischen Universität erhielt und in Krakau der einzige jüdische Medizinprofessor war. Dank seiner Initiative wurde in den Jahren 1863-1865 ein neues größeres Gebäude erstellt. Bis zum Ende des 19. Jahrhundert wirkten am Jüdischen Spital Dr. Philip Bondy aus Prag (gest. 1841) und der Gründer der gynäkologischen Abteilung, Dr. Maksymilian Kohn (gest. 1902).

Während des ersten Weltkrieges durch die österreichischen Behörden in ein Militärspital umgewandelt, erlitt das Gebäude des Jüdischen Spitals schwere Schäden und wurde in den Jahren 1921-1925 durch die Jüdische Gemeinde unter Mithilfe von vermögender Krakauer Juden völlig renoviert und ausgebaut (156 Betten). In den dreißiger Jahren wurde das bestehende Gebäude erweitert und im Jahre 1935 die Erstellung eines dreistöckigen Ambulatoriumsgebäudes in Angriff genommen. Zwei Stockwerke wurden vor dem Überfall der Deutschen im Jahre 1939 fertiggestellt und in Betrieb genommen. In zwölf modern ausgerüsteten Abteilungen des Spitals und der Ambulatorien wurden die jüdischen Patienten behandelt. Dem Spital angeschlossen war eine Krankenpflegerinnenschule.

Unmittelbar vor dem Ausbruch des Krieges im Jahre 1939 arbeiteten im Jüdischen Spital 64 jüdische Ärzte (darunter 14 Frauen). Unter ihnen waren 49 Nostrifikanten, d.h. Ärzte die ihre Studien und Praktika im Ausland abgeschlossen hatten (u.a. in Frankreich, Italien und der Tschechoslowakei) und in Krakau auf die behördlich erschwerte Anerkennung ihrer ausländischen Diplome warten mußten.

Als international auch in der Fachliteratur bekannte Ärzte wirkten in Krakau u.a. der Ophthalmologe Dr. Edmund Rosenhauch, der Laryngologe Dr. Adolf Schwarzbart und der Röntgenologe Dr. Marcel Spitzer. Jüdischer Abstammung war der bekannte Gynäkologe Professor Aleksander Rosner.

Über die Geschichte des Jüdischen Spitals, seine Aktivitäten während der Kriegszeit im Ghetto Krakau und im Konzentrationslager Krakau-Plaszów sowie über das Ende der jüdischen Ärztetradition in Krakau berichtet Dr. Alexander Bieberstein (vgl. Fußnote 8, S. 73), der als Schindler-Jude den Krieg überlebte.

11. Buchdrucker, Verleger, Antiquare

Im Jahre 1534 haben die Gebrüder Samuel, Ascher und Eljakim Halicz, Söhne von Chaim Halicz, von König Sigismund I. die Bewilligung erhalten, die erste hebräische Druckerei in Polen zu eröffnen. Die 'schwarze Kunst' lernten die drei Brüder bei Gerschon ben Schlomo ha-Kohen, der in Prag im Jahr 1512 die erste hebräische Druckerei Mitteleuropas gegründet hatte. Bereits im Gründungsjahr druckten die Gebrüder Halicz die erste Ausgabe von 'Schaarei Dura' von Isaac ben Meir Dueren in Raschi-Schrift und 'Sefer Rabbi Anschel, Markewet ha-Mischna'. In rascher Folge erschienen dann die ersten zwei Bände 'Arba Turim' von Ascher ben Jechiel, 'Pssakim' von Rabbi Szachna aus Lublin, ein 'Machsor' in zwei Bänden und Gebetbücher. Unter dem Einfluß oder Zwang des Krakauer Bischofs Gamrat ließen sich die drei Brüder Halicz im Jahr 1537 taufen und wollten die hebräische Druckerei unter den Namen Pawel, Andrzej und Jan Halicz weiterführen. Die Juden boykottierten jedoch die Neofiten und wollten bei ihnen weder Bücher kaufen noch ihre Schulden bezahlen. Auf Anordnung des Königs wurden die jüdischen Gemeinden in Krakau, Posen und Lemberg gezwungen, den ganzen Bücherbestand der Halicz-Druckerei zu kaufen. Der Vorrat an nicht verkauften Büchern umfaßte 3'550 Bände, darunter 800 Machsorim, 850 Selichot, 400 Jozerot, 500 Minhagim, 500 Semirot und 500 Bände der Arba Turim. 1'600 Florine - aufgeteilt auf die drei Gemeinden - mußten die Juden für diese Bücher im Verlauf von drei Jahren an die Gebrüder Halicz entrichten. Damit endete die Tätigkeit der ersten jüdischen Druckerei in Polen drei Jahre nach ihrer Gründung.

Jan Halicz druckte jetzt Bücher in lateinischer Sprache. Pawel Halicz wirkte eine Zeitlang als Missionar unter den Juden in Großpolen (Wielkopolska), kehrte jedoch nach Krakau zurück, wo er im Jahre 1541 zum erstenmal das neue Testament in jiddischer Sprache herausgab, gewidmet dem Krakauer Bischof Gamrat. Der Titel dieser Publikation lautete: „Dus naje Testament, dus werd ginent Evangelium, dus is ojf dajtsch a frajliche Botschaft, glajch wie Bsuro Tojwu". Von wem die Übersetzung bzw. die Transkription des Luther-Textes stammt, ist nicht bekannt.

Dreißig Jahre lang gab es in Krakau keine jüdische Druckerei mehr. Erst im Jahre 1568 erteilte König Sigismund August „dem italienischen Juden Izak dem Sohn von Aron, der in Kazimierz lebt, das Recht, hebräische Bücher zu drucken und ohne Konkurrenz die Druckerei während 50 Jahren zu führen" (M. Balaban, Bd. I, S. 503-518). Izak ben Aron aus Prosciejów (Prosnitz), genannt auch Izak Aronowicz, hatte das Handwerk in Venedig gelernt, daher die Bezeichnung „der italienische Jude". In Venedig kaufte er die Druckereimaschinen bei Cavalli und Grypho und von dort brachte er auch den erfahrenen Korrektor Samuel Boehm nach Krakau mit. Er druckte die 'Thorat ha-Hattat' von Remu, das 'Sefer Hamefuar' des Kabbalisten Schlomo Molcho und begann gerade den vierbändigen 'Schulchan Aruch' von Josef Karo mit Kommentar (Mappa) von Moses Isserles (Remu) zu setzen, als die kirchliche Obrigkeit beim König die Annulierung des Privilegs erreichte und Izak Aronowicz seine Druckerei schließen mußte. Dank der Fürsprache einiger polnischer Würdenträger erließ der König im Jahre 1570 ein Dekret, wonach „er sich überzeugen ließ, daß der Drucker auf das Drucken des Talmuds verzichtet und der Druck von Büchern, die für den christlichen Glauben unschädlich sind, erlaubt sein sollte." (M. Balaban, Bd. I, S. 503-518)

Somit konnte Izak Aronowicz seine Tätigkeit wieder aufnehmen. Aus seiner Druckerei stammen die ersten Ausgaben der 'Chamischa Chumschej Thora' mit 'Haftarot' und die 'Chamejsch Megillot'. Er druckte zahlreiche Werke von Krakauer und anderen Gelehrten und vernachlässigte die kabbalistische Literatur nicht (Werke von Moses Cordovero und Sohar 1603). Die Titelblätter seiner Druckwerke waren im italienischen Stil gehalten, und als Firmenzeichen seiner Druckerei, die mit den Druckereien in Amsterdam und Venedig konkurrierte, wählte Izak Aronowicz zuerst einen Hirsch, der später durch Fische ersetzt wurde. Eine Spezialität der Prosnitz-Druckerei waren Bücher aus allen Wissensgebieten in jiddischer Sprache. Nach dem Jahr 1600 übernahmen die vier Söhne von Izak Aronowicz die Druckerei und stellten noch zwei weitere Setzer ein. In den Jahren 1602-1605 gelang es ihnen, die 12 Bände des babylonischen Talmud in Folioformat zu drucken. Als Vorlage diente die Basler Talmudversion (1578-1581), wobei die durch die Zensur entstellten Texte korrigiert wurden. Eine zweite Auflage des Talmud, diesmal in Quartformat, wurde in den Jahren 1616-1621 gedruckt. Den Jerusalemer Talmud verlegte die Prosnitz-Druckerei im Jahre 1609. Im Jahre 1626 stellte die Prosnitz-Druckerei ihre Tätigkeit infolge finanzieller Schwierigkeiten ein. Etwa 200 Werke, davon 73 in jiddisch, wurden durch Izak Aronowicz aus Prosnitz und seine Nachfolger (Söhne und Neffen) in 58 Jahren gedruckt und verlegt.

Fünf Jahre später, im Jahre 1631, eröffnete Manachem Nachum ben Mosche Samson Meizels, ein Verwandter von Moses Isserles (Remu), in Krakau eine neue Druckerei. Die hebräischen Schrifttypen holte er in Venedig, und aus Prag brachte er den erfahrenen Setzer Jehuda ben Alexander ha-Kohen mit. Als erstes Werk der Meizels-Druckerei erschien der Kodex 'Arba Turim' von Jakob ben Ascher mit Kommentaren des Krakauer Rabbiners Joel Sirkes (Akronym 'BaCh' von 'Bejt Chadasch'). Zahlreiche Werke der Krakauer Rabbiner Remu, BaCh, Jom-Tov Lippman-Heller und Josef Kac wurden von Meizels verlegt und gedruckt. Auch kabbalistische Schriften wie 'Wajizra Jitzhak', 'Sod Scheva Dlatot' und 'Zor Zahav' entstammen der Meizels-Druckerei.

Bemerkenswert ist das hebräische Impressum auf den Werken von Josef Kac (Jessod Josef und Rechew Eliahu, Krakau 1635) mit folgendem Wortlaut: „Am Setzkasten stand die Setzerin, Fräulein (hebr. ha-Alma) Czarna, die Tochter des Druckers Menachem Nachum Meizels" (M. Balaban, Bd. I, S. 516). Czarna Meizels war wahrscheinlich die erste jüdische Frau in Polen, die als Setzerin und Druckerin tätig war. Der Überfall der Schweden und die Vernichtung der jüdischen Stadt Kazimierz im Jahre 1655 unterbrachen die Tätigkeit der Druckerei.

Nach dem Tode von Menachem Nachum Meizels, baute sein Schwiegersohn Juda Leib ben Simcha Bunen (Enkel von Remu) im Jahre 1659 die Druckerei wieder auf, konnte jedoch das hohe Ansehen seines Schwiegervaters nicht erreichen.

Im 18. Jahrhundert gab es in Krakau keine jüdische Druckerei mehr. Jüdische Bücher wurden aus Prag, Venedig und Amsterdam eingeführt.

Zwischen 1802 und 1822 wurden in der Druckerei von Naftali Hirc und seinem Schwiegersohn Aron Salomon Spira die Werke 'Midrasch Tanchuma' (1803) und 'Midrasch Rabbah' (1805) gedruckt. Karol Budweiser führte eine hebräische Druckerei in den Jahren 1863-1880. Józef Fiszer, der auch Kantor in der Reformsynagoge war, druckte mit seinem Teilhaber B. Weidling zwischen 1878 und 1914 Haskala-Literatur, darunter auch die hebräischen Periodika: 'Hasman', 'Hamagid' und 'Haschiloah'. Fiszer war auch der Verleger von Achad Haam (Ascher Ginsburg), Chaim Nachman Bialik und Schalom Asch, die häufige Gäste in der Fiszer-Druckerei waren. Eine Druckerei von A. Lenkowicz wurde 1897 eröffnet, und S.N. Deitscher und sein Sohn druckten in Krakau hebräische Bücher von 1890 bis zum Ausbruch des Zweiten Weltkriegs.

Auch bei der Herstellung von Druckwerken in polnischer Sprache und im polnischen Verlagswesen waren die Krakauer Juden tätig. Zahlreiche Werke polnischer Dichter und Schriftsteller wurden durch die 'Krakowska Drukarnia Narodowa' ('Krakauer National-Druckerei') verlegt und gedruckt. Diese landesweit bekannte Druckerei gehörte Napoleon Telz (1866-1943) und war noch 1995 tätig.

In die polnische Literaturgeschichte eingegangen sind die jüdischen Antiquaren-Dynastien Taffet, Himmelblau, Seiden, Immerglück, Diamant, Glücklich, Meizels und Wetstein von der Ulica Szpitalna (Spitalgasse) und Ulica Sw.-Tomasza im Stadtzentrum, so z.B. bei Karol Estreicher in den literarischen Erinnerungen an die Beziehungen seines Vaters Professor Stanislaw Estreicher zum 'alten Taffet'. Die bibliophilen Antiquare und hervorragenden Kenner alter Drucke haben nicht nur Bücher gekauft und verkauft, sondern waren Generationen von Studenten und Professoren der Jagiellonischen Universität bei der Suche nach Literatur für ihre wissenschaftlichen Arbeiten behilflich.

12. Künstler und das jiddische Theater

Auf dem jüdischen Friedhof in Krakau wurde der bekannteste jüdische Maler Polens bestattet, Maurycy (Moritz) Gottlieb (1856-1897), den die Polen 'den jüdischen Rembrandt' nannten. In Drohobycz (Ostgalizien) geboren, begann er sein Kuntstudium mit 13 Jahren in Lemberg und setzte drei Jahre später sein Studium an der Kunstakademie in Wien fort. Er wurde zum Schüler des be-

rühmtesten polnischen Malers Jan Matejko (1838-1893), der ihn an der Krakauer Kunstakademie „als hoffnungsvollsten Schüler der polnischen Kunst und
meinen Nachfolger" begrüßte, als er von Rom nach Krakau zurückkehrte.
Gottlieb starb schon im 23. Lebensjahr. In nur vier bis fünf Jahren seines
künstlerischen Wirkens malte der hervorragende Porträtist und Illustrator der
polnischen Geschichte auch zahlreiche Bilder mit jüdischen Themen, darunter
'Shylock und Jessica' (1876 in München ausgezeichnet) und Illustrationen zu
'Nathan der Weise'. Sein berühmtestes Werk 'Die Juden am Versöhnungstag'
war ein Prunkstück der Warschauer Bildergalerie.

Moritz' jüngerer Bruder, der Porträtist Leopold Gottlieb (1883-1934), das
13. Kind der Gottlieb-Familie, studierte Kunst in Krakau, München und Paris
und wirkte auch eine Zeitlang als Lehrer an der Bezalel-Kunstakademie in Jerusalem. Im Ersten Weltkrieg diente er als Leutnant in den polnischen Legio-
nen und porträtierte unter anderem Marschall Pilsudski und Schalom Asch.

Zu den Schülern des Meisters Matejko gehörte auch Saul Wahl, der im Jahre 1880 mit 16 Jahren sein Studium an der Krakauer Kunstakademie aufgenommen hatte. Er übersiedelte danach zur Fortsetzung des Studiums nach
München, kehrte aber zu Ausstellungen seiner Gemälde öfter nach Krakau zurück. Für sein Bild 'Uriel Acosta' erhielt er den 'römischen Preis' der Berliner
Akademie. Sein Gemälde 'Zwangstaufe in Spanien' kaufte Sir Moses Monte-
fiore ('Hanadiv Hajadua', 'Der bekannte Wohltäter') in London.

Mit den Ausmalungsarbeiten in der Marienkirche, der berühmtesten Kirche
Krakaus, beauftragte Meister Matejko seinen jüdischen Schüler Efraim Lilien.
Als die Redaktion einer Münchner illustrierten Zeitschrift Meister Matejko
ersuchte, für die Ausführung ihrer Titelblatt-Illustrationen einen seiner Schüler
zu empfehlen, nannte Matejko keinen anderen als Lilien. Als der Vertrag nicht
zustande kam, weil der bewußte Jude Lilien nicht darauf verzichten wollte,
seine Arbeiten mit seinen beiden jüdischen Vornamen 'Efroim-Mojsche' zu
signieren, schrieb Matejko seinem Schüler einen Brief, in dem er ihm für seine
würdevolle Haltung dankte und ihn dazu beglückwünschte (Artur Fiszer 1912-
1975, in 'Zimmes und Zores').

An den Restaurierungsarbeiten in der Marienkirche beteiligte sich auch An-
toni Tuch ein Künstler jüdischer Herkunft aus Wien.

„Auf Krakauer Boden der Klassiker der jüdischen bildenden Kunst wirkten
Estera Rimpel, Soldinger, Kisling, Waldman, der taubstumme Szymon Miller
und Artur Markowicz, auch ein Matejko-Schüler, der jeden fotogenen Winkel
auf die Leinwand bannte." (A. Fiszer, in: M. Klanska 1994, S. 88).

Die Reihe der bekannten polnischen Maler in Krakau zwischen dem Ersten und Zweiten Weltkrieg ergänzen die Namen von Abraham Neuman, Jakub Pfefferberg, Leon Lewkowicz und Norbert Straßberg. Den Zweiten Weltkrieg überlebten Jonas Stern und der Sohn eines bekannten Krakauer Kaufmanns, Artur Nacht-Samborski (Artek). Über den Letztgenannten schrieb Teresa Sowinska im Wochenblatt 'Zwierciadlo' ('Spiegel') anläßlich seiner postumen Ausstellung: „Nacht-Samborski war ohne Zweifel eine der größten Persönlichkeiten der polnischen Malerei des 20. Jahrhunderts". Kunsthändler und Galeristen waren „die klugen Juden Immerglück und Himmelblau", wie sie Maria Pawlikowska, die Enkelin des berühmten polnischen Malers Juliusz Kossak, in einem Gedicht liebvoll beschrieben hat (M. Klanska 1994, S. 177). Schmaus und Frist waren die beiden bekannten Kunsthändler zwischen dem Ersten und Zweiten Weltkrieg.

*

Das Gebäude des Stadttheaters, welches im Jahr 1893 errichtet wurde, verdankt seine Entstehung dem bekanntesten polnischen Architekten der Jahrhundertwende, Jan Zawiejski. Er war ein Enkel des reichen Bankiers und Kaufmanns Berl Feintuch (1805-1866), der sich im Jahre 1846 mit seiner Familie taufen ließ und den Taufnamen Marcin annahm. Sein ältester Sohn Stanislaw änderte seinen Familiennamen in Szarski, während der jüngere Sohn Leon den Familiennamen Zawiejski annahm. Zu den Nachkommen von Berl Feintuch gehörten Henryk Szarski, der im Jahre 1907 erster Vizepräsident der Stadt Krakau wurde, die Universitätsprofessoren Kazimierz Szarski (1904-1960, Anatomie) und Jacek Szarski (1921-1980, Mathematik) und der Bildhauer Mieczyslaw Zawiejski (1856-1933).

Die Geschichte der Familie Feintuch diente einigen polnischen Historikern als Beweis der Möglichkeit einer vollständigen Assimilation der Juden in Galizien in der ersten Hälfte des 19. Jahrhunderts. So schreibt z.B. Eugeniusz Duda ('Krakowskie judaica', Warszawa 1991): „Die Geschichte der Familie Feintuch beweist, daß unter den damaligen günstigen Bedingungen die Assimilation der Juden nicht nur möglich, sondern für die polnische Gesellschaft auch vorteilhaft war. Im letzten Jahrzehnt des 19. Jahrhunderts begann jedoch eine Abkehr von der Assimilation aufgrund des zunehmenden Antisemitismus auf der einen und der wachsenden Neigung der Juden zur (jüdisch-) nationalen Ideologie auf der anderen Seite" (E. Duda 1991, S. 44).

*

Die Jiddische Theatergesellschaft in Krakau (1926-1939) verfügte zwar über einen eigenen Theatersaal, jedoch nicht über eine ständige Theatertruppe. Die Wilnaer und die Warschauer Theatertruppen mit ihren bekannten Schauspielern wie Gebrüder Turkow, Dzigan und Schumacher, Menachem Rubin, Abram Morawski und der weltberühmten Ida Kaminska, die regelmäßig in Krakau gastierten, erfreuten sich einer großen Beliebtheit des jiddisch sprechenden Publikums. Aufgeführt wurden nicht nur die Theaterstücke jüdischer Autoren (Mendel Mojcher-Sforim, Schalom Asch, Schalom Alejchem, An-ski, Goldfaden), sondern auch die ins Jiddisch übersetzten Schauspiele von polnischen (Wyspianski) und französischen (Molière) Dichtern.

13. Die Kantoren und jüdischen Musiker

Der 'Chasan' (Kantor, Vorbeter) war von alters her die kontroverseste Person unter den Gemeindeangestellten. Seine doppelte Rolle als Vorbeter und religiöser Vertreter der betenden Gemeinde (Schaliach-Zibur) einerseits und künstlerisch veranlagter Sänger andererseits führte zu Auseinandersetzungen mit den Gemeinderabbinern. Beanstandet wurde die Hervorhebung der Gesangskunst und Vernachlässigung des andächtigen Betens. Wortwiederholungen und gesangskünstlerische, oft eigensinnige Interpretationen, geißelten die Rabbiner als eine willkürliche und verbotene Veränderung der Gebetstexte.

Die goldene Zeit der jüdischen liturgischen Gesangskunst ('Chasanut') in Europa, die Ende des 19. Jahrhundert einsetzte und bis zum Ausbruch des Zweiten Weltkriegs dauerte, erfaßte auch die Krakauer Juden, denen man nachsagte, daß „sie nicht nur beten konnten, sondern das Gebet auch liebten" (A. Brauner, in: Hajehudim be'Krakow, Haifa 1981, S. 195).

Um die Jahrhundertwende wirkte in der Kupa-Synagoge der Chasan und Komponist Eliezer Goldberg, der unter den Namen Lajzerke bekannt wurde. Als musikalischer Autodidakt gründete er einen Knabenchor, für den er die Melodien für die Gottesdienste am Schabbat, Jom-Tov und für die hohen Feiertage komponierte. Lajzerke weigerte sich, die sorgsam gehüteten Noten, die seine Töchter aufgeschrieben hatten, zu publizieren oder zu vervielfältigen. Als nach seinem Tod seine früheren Chorjungen Baruch Sperber, Musiklehrer am Hebräischen Gymnasium, gelegentlich auch Kantor in der Tigner-Synagoge und Benjamin Dim von der Ajzyk-Synagoge (später Chasan in Belgien), die Noten von den Lajzerke-Töchtern kaufen wollten, weigerten sich auch diese, vor ihrem Tod die Noten herauszugeben. In einem weiten Umkreis bekannt wurden jedoch die Lajzerke-Melodien dank Baruch Sperber, der sie nach dem Gehör rekonstruiert aufgeschrieben und bis 1939 mit Chor in der Tigner- und in der Ahavat-Reim-Spitalgasse-Synagoge aufgeführt hat.

Die Originalnoten brachte Schamir-Szymborski, der Sohn eines Lajzerke-Schülers, nach Israel, dem es auf unbekannten Wegen gelungen war, in Besitz der Noten zu gelangen. Nach den Lajzerke-Melodien betete Oberkantor Jitzhak Man mit dem Chor in der großen Synagoge in Haifa.

Die Krakauer Juden scheuten keine Mühe und Kosten, um für ihre Synagogen die besten Chasanim zu finden und anzustellen. Wert gelegt wurde nicht nur auf die Gesangskunst, sondern auch auf das 'sugen' (Sagen). Darunter verstand man die andächtige und sprachgerechte, pathetische Rezitation der Gebetstexte, die nicht gesungen wurden.

Mit einem kleinen Chor fungierte in der Altschul der Vorbeter und Bariton Goldenberg. In der Ajzyk-Synagoge zelebrierte Benjamin Dim die Gottesdienste mit großen Chor. In der Kupa-Synagoge betete Samuel Kaufman nach den Melodien seines Lehrers Lajzerke vor. Lejb Bronstein, der in Wien Gesang studiert hatte, wirkte mit Chor an der Ahavat-Reim-Synagoge. Seine Nachfolger waren der Kantor Zupowicz und später der junge Mandel, der den Krieg überlebte und Oberkantor in Johannesburg wurde. Begleitet wurde Mandel an den hohen Feiertagen von einem großen Chor unter der Leitung von Baruch Sperber. Jossele Mandelbaum, ein lyrischer Tenor mit chassidischem Einschlag (Sanz- und Modzic-Melodien), betete mit Chor an der Cypres-Synagoge. Nach dem Kriege wirkte er als Oberkantor in der Synagoge Anschei-Sfarad im Boro-Park New-York. In der Remu-Synagoge betete mit einem kleinen Chor Ascherl Hirschberg nach Melodien eigener Komposition. Im liberalen Tempel sang mit Chor- und Orgelbegleitung Josef Fiszer nach der Liturgie von Sulzer und Lewandowski. Den gemischten Chor dirigierte dort Dr. Lust, als Organist wirkte der Kapellmeister Julius Hoffmann.

Gastauftritte von Chasanim aus dem Ausland erfreuten sich großer Beliebtheit. Tausende Juden besuchten die 19 Auftritte des berühmtesten Chasan des Jahrhunderts, Jossele Rosenblat, als er im Jahr 1927 aus den USA nach Krakau kam.

*

Der vielseitige Musiklehrer, Dirigent und Kantor Baruch Sperber und der Kapellmeister und Organist am Tempel, Julius Hoffmann (später auch sein Sohn Dr. Jan Hoffmann), haben die jiddischen Lieder ihres Freundes, des „letzten jüdischen Troubadours" Mordechai Gebirtig (1877-1942) in Noten gesetzt. 90

Lieder in Versen dichtete und komponierte der „Möbelschreiner von Krakau" in seiner Werkstatt. Seine Melodien spielte er auf einer Hirtenpfeife oder mit einem Finger auf dem Klavier im Hause seiner Freunde vor, und diese setzten seine Lieder in Noten. Begonnen hat Gebirtig mit der Komposition von Wiegen- und Kinderliedern für seine drei Töchter. Die späteren Texte bekamen einen ironischen sozialen und politischen Charakter, in dem sich die Situation des jüdischen Proletariats im Polen der dreißiger Jahre widerspiegelte. Sein bekanntestes Lied „Es brennt", im Jahre 1938 nach dem Pogrom in Przytyk geschrieben, wurde zur Hymne der jüdischen Partisanen im Zweiten Weltkrieg. Zusammen mit seinem Freund, dem bekannten Impressionisten Abraham Neumann, wurde Mordechai Gebirtig im Jahre 1942 im Krakauer Ghetto erschossen. Seine Lieder mit jiddischen, deutsch transkribierten und erläuterten Texten hat der Musiker, Sänger und Gebirtig-Interpret Manfred Lemm herausgegeben ('Mordechaj Gebirtig - Jiddische Lieder', Edition Künstlertreff, Wuppertal, 1992, 2. Aufl. 1994).

*

Jüdische Berufsmusiker ('Klesmer'), die an den jüdischen Simches (freudige Anlässe, z.B. Hochzeiten), aber auch bei den Christen spielten, waren schon im Mittelalter bekannt. Überliefert sind Verträge und Abmachungen zwischen den jüdischen und christlichen Musiktruppen betreffend Zeit und Ort ihrer Auftritte. In der Sorge um die Nachtruhe in der jüdischen Stadt Kazimierz bestimmte die Jüdische Gemeindeverwaltung im § 72 ihrer Statuten aus dem Jahre 1595, daß „es verboten ist, mit Musikanten und Musik in der Nacht zu gehen" (M. Balaban). Die Namen der alteingesessenen jüdischen Familien in Krakau, wie 'Musikant', 'Fiedler', 'Bass', 'Rumpel' oder 'Rumpler' weisen auf den Beruf des Musikers hin. An den Senat der Krakauer Republik richtete sich im Jahre 1845 ein Gesuch der Zunft der jüdischen Musikanten um den Erlaß eines Verbotes des Auftretens fremder Musiktruppen in Kazimierz.

*

Die 'Geschichte der polnischen Musik' ('Historia muzyki polskiej') hat Józef Reiss in den zwanziger Jahren verfaßt, Musikwissenschaftler und Dozent an der Jagiellonischen Universität.

Ein bekannter Krakauer Pianist der Zwischenkriegszeit in Polen war Karol Klein, und internationalen Ruhm erlangte der Klaviervirtuose Mieczyslaw (Mietek) Münz, dessen Frau (Mlynarska) später die Frau von Artur Rubinstein wurde. Ein Jazzpianist und späterer Schlagerkomponist war der Begleiter der bekannten polnischen Sängerin Hanka Ordonówna, Henryk Spritzer (1986 in London gestorben), der unter dem Namen Ryszard Frank für das Krakauer Avantgarde-Theater 'Cricot' Jazz- und Kabarettmusik und später auch Filmmusik komponierte. Unterhaltungs- und moderne Jazzmusik komponierte auch Leon Goldfluß unter dem Pseudonym Leon Arten. Ein Komponist von ernster Musik und Dirigent war Jerzy Gaertner, der unter dem Namen Jerzy Gert als erster Dirigent des Symphonieorchesters des Polnischen Rundfunks nach dem Krieg in seiner Heimatstadt Krakau wirkte.

14. Juden in Stadtverwaltung Krakau

Trotz Gewährung voller Bürgerrechte durch die österreichische Verfassung im Jahre 1867 war die jüdische Bevölkerung Krakaus in der Stadtverwaltung bis zur Entstehung der Republik Polen (1918) nicht vertreten. Aber auch in den ersten Jahren der neu entstandenen Republik begünstigte das noch geltende österreichische Kuriatsstimmwahlrecht die bürgerlichen Wohnbezirke und verhinderte eine proportionale Repräsentanz der proletarischen Bezirke und des jüdischen Wohnbezirkes Kazimierz.

Noch unter der österreichischen Verwaltung wurde als Vertreter der polnischen Kaufleute im Jahre 1907 Henryk Szarski, ein Enkel vom Berl Feintuch, der sich im Jahre 1846 mit seiner Familie taufen ließ, zum ersten Vizepräsidenten der Stadt Krakau gewählt. Das Amt des zweiten Vizepräsidenten hatte seit 1905 und bis zu seinem Tod der Jude Ing. Józef Sare (1850-1929) inne, Abgeordneter einer polnischen konservativen Partei. Seit der Entstehung der Republik Polen (1918) und bis in die dreißiger Jahre saßen in der Stadtverwaltung ausschließlich Juden, die nicht in Kazimierz wohnten. Darunter waren einerseits zwei im jüdischen Leben aktive Persönlichkeiten, nämlich der Präsident der jüdischen Gemeinde, Dr. Samuel Tilles, und sein Nachfolger in diesem Amt, Dr. Rafal Landau, und andererseits Abgeordnete, die keine jüdischen Belange vertreten haben, etwa die parteilosen Adolf Gros und Ignacy Landau (einer von vier Vizepräsidenten des Stadtrates) oder der oben erwähnte Vertreter der polnischen konservativen Partei, Józef Sare.

Mit der Demokratisierung der kommunalen Wahlgesetze und unter dem Einfluß des zunehmenden Antisemitismus in den dreißiger Jahren einigten sich alle jüdischen, zionistischen und nicht-zionistischen Parteien (mit Ausnahme des linken 'Bund') bei den Wahlen zum Stadtrat auf eine Einheitsliste. So wurden nach Einführung eines neuen Wahlgesetzes im Jahre 1938 unter 65 Mitgliedern des Stadtrates 14 Juden gewählt, darunter sechs Vertreter der zionistischen Organisationen. Jüdische Stadtratsmitglieder wurden auch zwei Vertreter der 'Agudas Jisroel', zwei Extremorthodoxe, zwei 'Bundisten' und je ein Mitglied der jüdischen Kombattanten und der polnischen sozialistischen Partei.

Der letzte Präsident der Stadt Krakau vor dem Ausbruch des Zweiten Weltkriegs war Dr. Mieczyslaw Kaplicki, der vor der Taufe Mojsche Kapelner hieß.

15. Jüdische Jugend im Krakauer Sport

Von den beiden ältesten Sportverbänden, 'Wisla' ('Weichsel') und 'Cracovia', die um 1906 gegründet wurden, und deren Fußballmannschaften bis 1939 ununterbrochen in der ersten polnischen Fußball-Liga spielten (Krakauer Derby), nahm die 'Wisla' keine Juden auf. Die 'Cracovia' hingegen nahm seit der Clubgründung Juden als aktive und passive Mitglieder auf.

Ein bekannter Torhüter der Cracovia war Dr. Józef Lustgarten, der 1907 auch der polnischen Nationalmannschaft angehörte. Er galt als Erfinder eines spektakulären Torhütersprungs, den man damals in den Sportkreisen 'die Robinsonade' nannte. Dr. Lustgarten, der später ein bekannter Schiedsrichter wurde, überlebte den Zweiten Weltkrieg in der Sowjetunion und beteiligte sich nach dem Kriege am Wiederaufbau des Cracovia-Clubs[9]. Zu den bekannten jüdischen Cracovia-Fußballspielern gehörte auch Ludwik Gintel, der Architekt wurde und später in Israel lebte, eine führende Persönlichkeit im polnischen Sport, der an 325 Spielen teilnahm, davon 12 der Nationalmannschaft, und im Jahre 1928 Polens Torschützenkönig war.

Leon Sperling (Muniu), der morgens vor den Spielen in einer orthodoxen Synagoge in Kazimierz betete (vgl. Fußnote 9), war ein Cracovia-Fußballer, der an 381 Spielen teilgenommen hat, davon 22 in der Nationalmannschaft. In der Cracovia-Mannschaft spielten auch Dr. Schneider, der später ein internationaler Schiedsrichter wurde, ferner Alfus und Grünberg (158 Spiele).

In der Nationalmannschaft spielten im Jahr 1922 auch die Fußballspieler der 'Jutrzenka' ('Morgenstern'), damals noch ein Sportklub der assimilierten jüdi-

---

[9] H. Vogler, Wyznanie mojzeszowe (poln. Die mosaische Konfession). Panstwowy Instytut Wydawniczy. Warschau 1994.

schen Jugend, nämlich Krumholz (gegen Ungarn) und Klotz (gegen Schweden).

Zu den besten polnischen Tennisspielern der zwanziger Jahre gehörten Dr. Liebling und der Jutrzenka-Spieler Wittman, der in der polnischen Nationalmannschaft spielte.

Polens Meisterschwimmerinnen waren Truda Dawidowicz (später 'Maccabi' Bielsko-Biala) und Olga Schreiber von der 'Jutrzenka'.

Die erste Sportzeitung Polens, 'Tygodnik Sportowy' ('Sportwoche'), die zu den besten Sportzeitungen Osteuropas gehörte, gründete im Jahre 1921 Dr. Henryk Leser, Mitbegründer und späterer Präsident des 'Maccabi-Krakau'.

Der 1910 als 'ZTS Jutrzenka' (ZTS, 'Zydowskie Towarzystwo Sportowe', Jüdischer Sportverein) gegründete Sportklub löste sich Ende der zwanziger Jahre aus politischen Gründen auf. (Kampf zwischen den 'Assimilanten' und den Mitgliedern des linken 'Bund'). Damit war der 'heilige Krieg' zwischen der 'jiddisch-assimilierten' 'Jutrzenka' und dem zionistischen 'Maccabi' beendet.

*

Gegründet wurde der 'Maccabi'-Krakau im Jahre 1909 (im gleichen Jahr wie 'Hakoah-Wien') durch 38 noch minderjährige Gymnasiasten nach der Übernahme des formellen Vereinspräsidiums durch den Gymnasiallehrer Dr. Ignacy Mahler. Zwei Jahre später zählte der Sportklub bereits 128 Mitglieder. Der Erste Weltkrieg unterbrach das Wachstum des Sportvereins.

Trotz des Boykotts durch die Orthodoxie und der anfänglichen Widerstände einiger polnischer Sportvereine gegen die Aufnahme eines jüdischen Sportclubs in die nationalen Sportverbände zählte der Maccabi-Krakau im Jahre 1929 bereits 6'000 Mitglieder, davon 1'000 Aktive, bei einer Zahl der jüdischen Einwohner Krakaus von 55'000.

Die ideellen Ziele des Maccabi waren ausgerichtet auf die sportliche Ertüchtigung und Integration der jüdischen Jugend aller Richtungen. 1919 wurde in der Nähe des Königsschlosses Wawel, am Rande des jüdischen Wohnbezirks Kazimierz, ein Maccabi-Sportplatz errichtet (existiert noch 1997). Ausgerüstet war das neue Zentrum des jüdischen Sports mit einer Tribüne samt Umkleideräumen, mit einem Fußball- und einem Leichtathletikplatz, die im Winter in einen Eishockeyplatz und in eine Eislaufbahn (die größte in Krakau) umgewandelt wurden. Die Klubverwaltung und die Klublokale, wo im Winter die Tischtennismannschaften trainierten, befanden sich im Stadtzentrum auf dem Hauptmarktplatz (Rynek Główny).

Seit 1919 wurden Junioren-Mannschaften geführt und im gleichen Jahr - ein Novum in der jüdischen Sportbewegung - die ersten Frauensektionen gegründet.

Die in den Jahren 1919-1923 starke Fußballmannschaft gewann gegen die führenden polnischen Mannschaften zahlreiche Spiele und war auch erfolgreich in Spielen gegen ausländische Mannschaften wie Slavia-Prag, Ujpesti-Budapest, Admira-Wien und Hakoah-Wien. Maccabi-Krakau war im Jahre 1919 Mitbegründer des PZPN (Polnischer Fußballverband) und im Jahre 1921 des Maccabi-Weltbundes in Karlsbad.

Die Maccabi-Sportler waren in 20 Sektionen aktiv, darunter Fußball, Handball, Korbball, Volleyball, Leichtathletik, Turnen, Eishockey, Ski (1932 ca. 500 Mitglieder), Tennis, Tischtennis, Rudern, Schwimmen, Wasserball, Rad- und Motorradfahrer, Reiten und Schachspiel.

Maryla Freiwald war in den Jahren 1924-1929 polnische Meisterin im Frauen-Leichtathletik-Vierkampf (60-, 100-, 200-Meter-Lauf und Weitsprung). Die Leichtathletin startete fünfzehnmal für Polen bei den internationalen Wettkämpfen und belegte im 80-Meter-Hindernislauf bei den Europameisterschaften in Dresden den dritten Platz. An den ersten zwei 'Makkabiaden' in Tel Aviv (1932 und 1935) gewann Maryla Freiwald drei Goldmedaillen. Aus Brasilien kommend war sie im Jahre 1959 Ehrengast der 50-jährigen Gründungs-Jubiläumsfeier des Maccabi-Krakau in Tel Aviv.

Die Staffelläuferinnen (4x80 und 4x100 m) Freiwald, Matzendorf, Gotlieb, Glasner und Deutsch gehörten in den zwanziger Jahren zu den erfolgreichsten Leichtathletinnen Polens.

Die Maccabi-Wasserballmannschaft mit Poranski, Schönfeld, den Gebrüdern Julian und Zygmunt Ritterman, Wiktor und Adolf Soldinger, gewann seit 1925 achtmal die polnischen Meisterschaften. Vier Spieler der Maccabi-Krakau gehörten damals ständig zu der polnischen Wasserball-Nationalmannschaft. Schönfeld war in den Jahren 1925-1928 auch Polens Meister im 100 m Rückenschwimmen und im Jahre 1925 im Turmspringen.

Mikenbron war in den zwanziger Jahren Polens Meister in Skiabfahrt und Slalom. Ehrlich und Mandelbaum belegten in vielen nationalen Skirennen die ersten Plätze.

Stieglitz war im Jahre 1929 der Gewinner der polnischen Eisschnellauf-Meisterschaften (10 km), gewann 1931 auch den Polen-Grand-Prix in Rad-Straßenrennen und wurde im Jahr 1933 Radrennbahnmeister in Warschau.

Zu den bekannten Krakauer Maccabi-Sportlern in den dreißiger Jahren gehörten der Fußballer Chaim Fiszler, der Torhüter Elsener, der später als Elzohar im damaligen Palästina bekannt wurde, und die Eishockeyspieler Bronek und Gustek Ritterman.

Vier Maccabi-Krakau-Sportlerinnen und Sportler, nämlich Maryla Freiwald, Julian Ritterman, Adolf Soldinger und Julek Poranski, gehörten zu den vom Staatspräsidenten Ignacy Moscicki im Jahre 1930 ausgezeichneten besten Sportlern Polens.

*

Noch an der Jahrhundertwende wurde in Krakau durch Zygmunt Hochwald ein Jüdischer Turnverein ZTG (poln. 'Zydowskie Towarzystwo Gimnastyczne') gegründet. In der Turnhalle, seit den zwanziger Jahren im neuen Gebäude der Jüdischen Gemeindeverwaltung untergebracht, turnten Frauen und Männer der Erwachsenen- und Jugendriegen der ZTG.

Mehrere jüdische Sportvereine entstanden nach dem Ersten Weltkrieg im jüdischen Wohnbezirk Kazimierz. Darunter waren 'Dror' (Poalei-Zion), 'Bar Kochba', 'Hagibor', 'Hakoach', 'Hakadur', 'Gewura' und der jüdischer Arbeitersportverein 'Sila' (poln. Kraft) mit einem eigenen Fußballplatz und mit einer der stärksten regionalen Tischtennis-Mannschaften (Ha'Jehudim be'Krakow, S. 211-214).

16. Krakauer Legenden und Erzählungen

Die historisch bezeugte Geschichte Polens beginnt mit der Christianisierung Polens im Jahre 966 durch die freiwillige oder erzwungene Annahme des römischen Christentums seitens des Polenherzogs Mieszko I. (960-992), der ein Getreuer ('fidelis') und Tributpflichtiger Kaiser Ottos I. des Großen (936-972) war. Der Herrschaftsbereich dieses ersten historisch bezeugten Polenherzogs 'Mescheqqo' wird um das Jahr 965 (oder 973) durch den spanisch-jüdischen Geographen Ibrahim Ibn Jakub aus Tortosa (vgl. Fußnote 1, S. 19) beschrieben. Das von ihm geschilderte ausgedehnteste aller Slawenländer grenzte im Süden an das Land Boleslaws von Böhmen, zu dem auch Krakau im Lande der Wislanen gehörte. Der Name des Volkes der Polen (Poloni, Poleni) und des Landes Polonia taucht erst am Anfang des 11. Jahrhunderts auf.

Legenden von der Ankunft

Die polnischen und die jüdischen Legenden und Sagen gehen auf die vorchristliche Zeit zurück. Über den Ursprung jüdischen Lebens in Polen berichten die Legenden von der Ankunft, die der Nobelpreisträger (1966) Samuel J. Agnon (1888-1970) wiedergegeben hat. In der Legende „Regen" erzählt Agnon, wie „die Kinder Israels, die kamen, in Polen zu wohnen, sich verbindlich machten durch ihr Gebet, den Regen zu bringen, denn sonst hätten sich die Götzenpriester geweigert, sie in ihrem Lande aufzunehmen." Laut Legende sind im jüdischen Jahr 4653 (d.h. im Jahr 893) die Gesandten Israels aus dem Reich der Franken nach Polen gekommen.

Sogar die Namen der legendären Gesandten werden von Agnon genannt: „Und es waren Rabbi Jecheskiah Sephardi, Rabbi Akiba Estremadura, Rabbi Emmanuel von Askalon, der Mathematiker, Rabbi Levi Bachri, der Redekundige und Rabbi Natanael von Barcelona. Alle kamen sie nach der Stadt Gnesen, wo der Fürst Leszek aus dem Hause Piast König von Polen war, um von ihm eine Ruhestätte für ihre Brüder, die Juden, in seinem Lande, dem Lande Polen, zu erbitten. Denn sie saßen im Frankenreiche und fanden dort keine Ruhestätte." Fürst Leszek erlaubte den Juden aus dem Frankenreich, sich in Polen niederzulassen, nachdem die Gebete der Juden erhört worden waren und der Regen auf das ausgedörrte Land fiel. „Darum streuen bis zum heutigen Tage in Polen die Bauern ihre Saat an Rosch Haschana und am Jom Kippur auf die Felder zum Gedächtnis daran, wie es ihre Väter taten", schließt die Legende (S.J. Agnon, in: M. Klanska 1994, S. 41f.).

Der sagenhaften, historisch nicht bestätigten Überlieferung zufolge war Leszek aus dem Hause Piast von Gnesen/Posen (von wo die Staatsbildung Polens unzweifelhaft ausgegangen ist) der Urgroßvater des Herzogs oder Königs Mieszko I („Mescheqqo"), von dem Ibrahim ibn Jakub aus Tortosa berichtet. Über diesen Herrscher erzählt Agnon in einer weiteren „Legende von der Ankunft - Erste Kunde": „Und der König beschützte sie vor allen Feinden und Bedrängern. Und sie trieben auch Handel mit den benachbarten Ländern und prägten Münzen in der Sprache des Landes, aber mit heiligen Lettern. Das sind die Münzen, an denen ein Löwe zu sehen ist, der von rechts hervorstürzt und auf denen die Worte „Meschko, melech polski" oder „Mesche król polski" eingeritzt sind: „Den König nannten nämlich die Polen Król." Solche einseitig geprägten Münzen - Brakteaten - mit hebräischen Inschriften, in Krakau geprägt, wurden tatsächlich ausgegraben (s. Fußnote 5, S. 18). „Und es gibt welche, die glauben, daß auch der Name des Landes einer heiligen Quelle entspringt: der Sprache Israels. Denn so sprach Israel, als es dahinkam: po-lin, das heißt: hier nächtige. Und meinten: hier wollen wir nächtigen, bis Gott die Verstreuten Israels abermals sammeln läßt." (S.J. Agnon, in: M. Klanska 1994, S. 41f.)

Mit den ersten Juden in Polen befaßt sich auch eine polnische Legende. Sie berichtet über einen Abraham Prochownik, den die heidnischen Polen noch vor der Piasten-Dynastie zu ihrem König ernannt haben. Die Wahl erklärt die Legende damit, daß Abraham Prochownik der erste Besitzer von Schußwaffen war (Proch, Pulver, auch Schießpulver). Diese Erklärung ist anachronistisch, weil das Schießpulver, auch Schwarzpulver genannt, erst im 14. Jahrhundert durch Berthold Schwarz erfunden wurde. 'Proch' bedeutet aber in der polnischen Sprache auch Staub, z.B. der Staub, mit welchem ein Wanderer bedeckt ist. Damit ließen sich die überlieferten Angaben stützen, wonach die ersten Juden, die nach Polen gekommen sind, Wanderkaufleute waren, die durch den wichtigen Handelsweg zwischen Prag und Kiew zogen und sich in einzelnen Fällen in Polen niedergelassen haben.

Die Esther-Geschichten

Direkt mit der Stadt Krakau verbunden sind die Erzählungen über Esther, die Geliebte des Königs Kazimierz Wielki (Kasimir III. der Große, 1310-1370). An sie erinnert noch heute die 'Ulica Estery' (Esther-Straße) in Krakau. Über die Beziehungen zwischen dem König (der auch „König der Juden und der Bauern" genannt wurde) und seiner jüdischen Geliebten liegen keine zeitgenössischen historischen Angaben vor. Erst hundert Jahre später berichtet erstmals der bekannteste polnische Historiker des Mittelalters, Jan Dlugosz (1415-1480), über Esther, als er den Sittenverfall in Polen den außerehelichen Beziehungen zwischen dem König und seiner jüdischen Geliebten zuschrieb.

Die auf das 14. Jahrhundert zurückgehende Erzählung, die im Laufe der Jahrhunderte viele Abwandlungen erfuhr, berichtet von Esther, der Tochter eines Schneiders in Opoczno, die der König auf der Jagd kennengelernt hatte und für die er ein Schloß in Lobzów (heute ein Außenbezirk von Krakau) erbauen ließ. In den polnischen Judengeschichten veröffentlicht der österreichische Schriftsteller Leopold von Sacher-Masoch (1836-1895) seine anmutige Version (Klanska) der Esterka-Sage und schreibt: „Esterka schenkte dem König drei Kinder, zwei Söhne, Palka und Niemira, die er christlich, und eine Tochter Rebekka, welche er im mosaischen Glauben erziehen ließ. Sie selbst lebte fromm, gottesfürchtig und in jeder Beziehung tadellos, ein Muster für die vornehmen Frauen Polens, deren Sitten leicht und roh waren. Sie beobachtete streng die Gesetze ihres Glaubens und erfüllte alle Pflichten einer jüdischen Frau mit Eifer und Lust." (L. v. Sacher-Masoch, in: M. Klanska 1994, S. 47 ff.)

Bis in die jüngste Zeit bildete die Esther-Geschichte ein Bindeglied zwischen der polnischen und der jiddischen Literatur[10]. Noch im Jahre 1932 nennt Aaron Zeitlin sein dramatisches Spiel in jiddischer Sprache Esterka „ein jüdisch-polnisches Mysterienspiel" (s. Fußnote 10). Die Konfrontation zwischen den Schatten der beiden Dichter Adam Mickiewicz und Jitzhak Leib Peretz in seinem Drama kann als eine symbolische Beschwörung der polnisch-jüdischen Literaturbeziehungen gewertet werden.

Nur dreieinhalb 'Hakafot' an 'Simchat Thora'

Sieben 'Hakafot', d.h. freudige Umkreisungen der 'Bima' (Podium mit einem Pult für die Thoravorlesung) mit den Thorarollen werden in allen Synagogen an 'Simchat Thora' abgehalten. Nur in der Krakauer Altschul wurden seit Menschengedenken die Hakafot in der Mitte der vierten Umkreisung abgebrochen und die Thorarollen im 'Aron Hakodesch' (Thoraschrank) versorgt. Hierauf wurden 'Tehilim' (Psalmen) rezitiert. Die Erklärung für diesen einzigartigen Brauch liefert die Erzählung, wonach die Synagoge an Simchat Thora von den Tataren überfallen und Juden ermordet wurden, nachdem es ihnen noch gelungen war, die Thorarollen zu verstecken. Auch diese Erzählung beinhaltet einen Anachronismus, weil die Altschul in der zweiten Hälfte des 14. Jahrhunderts erbaut wurde und der Tatarenüberfall auf das Jahr 1241 zurückgeht. Es besteht jedoch kein Zweifel, daß ein Überfall auf die Synagoge an Simchat Thora ein historisches Ereignis war, weil die Krakauer Rabbiner einen so schweren Eingriff in den zentralen Brauch (Hakafot) des Freudenfestes nicht jahrhundertelang toleriert hätten. Heute ist die Altschul ein Museum der Geschichte und Kultur der Krakauer Juden.

---

[10] Shmeruk Chone, The Esterke Story in Yiddish and Polish Literature. The Zalman Shazar Center, Jerusalem 1985.

Keine Hochzeiten am Freitag

Gegenüber der alten Remu-Synagoge (1553) befand sich bis zum Einmarsch der Deutschen im Jahre 1939 ein mit einer hohen Mauer umgebener Platz, dessen Betreten bei den Juden als schwere Sünde galt. Trotz der wiederholten Forderungen der Stadtverwaltung und Prozeßdrohungen weigerte sich der 'Kahal' (die jüdische Gemeindeverwaltung) jahrzehntelang, die Mauer, die ein Verkehrshindernis war, abzutragen mit der Begründung, daß die Mauer einen alten Friedhof umgab, wo noch bis zum Jahre 1551 Leichen begraben wurden.

Als der Krakauer Historiker Dr. Ozjasz Mahler im Jahre 1937 diesen Friedhof untersuchte, stieß er dort auf einen einzigen Grabstein. Die noch gut erhaltene Grabinschrift enthielt den Namen einer Frau, die im Jahre 5300 nach dem jüdischen Kalender, d.h. im Jahre 1549 unserer Zeitrechnung gestorben war. Der Fund nur eines einzigen Grabsteins auf einem als jüdischer Friedhof deklarierten Areal lieferte einen weiteren Mosaikstein zu einer alten Legende:

Eine Hochzeit fand dort an einem Freitag statt. Als sich der Schabbat näherte, wurde die Hochzeitsgesellschaft von Remu (der 1542 als Rabbiner nach Krakau berufen, im Hause seines Vaters - nur einige Schritte vom Ort des Geschehens entfernt - wohnte) aufgefordert, das Hochzeitsfest abzubrechen, was nicht befolgt wurde. Und so bewirkte Gott - berichtet die Legende - daß sich die Erde auftat und die ganze Hochzeitsgesellschaft verschlang. Nach einer anderen Version starb nur die Braut. Die entsetzten Juden umgaben das Grundstück mit einer hohen Mauer mit zugemauertem Eingangstor. Seit dieser Zeit waren in Krakau Eheschließungen am Freitag verboten, und das Verbot hat sich bis zum heutigen Tag erhalten.

Die Verbrennung von Katarzyna Weigel-Zaluszkowa

Keine Legende, sondern Geschichte (M. Balaban) ist im Jahre 1539 die Verbrennung der achtzigjährigen Katarzyna Weigel-Zaluszkowa auf dem Scheiterhaufen. Sie wurde beschuldigt, sich zum Judentum zu bekennen. Katarzyna war die Frau eines vermögenden und einflußreichen Ratsherren, Melchior Weigel, der Handelsbeziehungen mit jüdischen Kaufleuten unterhielt. Nach seinem Tode führte Katarzyna die Geschäfte ihres Mannes und pflegte die Kontakte mit den jüdischen Kaufleuten weiter.

Der Neigung zum jüdischen Glauben beschuldigt, wurde sie mehrmals von Priester Mikolaj Bydlenski verwarnt, dem „vicarius in spiritualibus". Als die Ermahnungen ohne Wirkung blieben, übergab der Priester den Fall dem Konsistorialgericht. Vom Bischof Tomicki beschuldigt, seit zehn Jahren dem katholischen Glauben untreu gewesen zu sein, erklärte Katarzyna, daß sie die Dreifaltigkeit nicht begreifen könne und nur an einen einzigen Gott glaubt. Vom Bischof und den Kollegiumsmitgliedern belehrt, gab Katarzyna ihre Fehler zu und erklärte ihre Zweifel am wahren Glauben mit ihrem „schwachen Verstand und mit weiblicher Neugier". Nach dieser Erklärung wurde sie feierlich in die Kirche wiederaufgenommen.

Zehn Jahre später wurde sie nochmals des gleichen Vergehens beschuldigt und wieder beim Bischofsgericht angezeigt. Diesmal wurde die achtzigjährige Frau nach kurzem Prozeß von Bischof Gamrat zum Tode verurteilt. Augenzeuge des Verhörs und der Verbrennung auf dem Scheiterhaufen war der polnische Historiker Lukasz Górnicki, der in seiner 'Dzieje w koronie polskiej' ('Geschichte der polnischen Krone', nach M. Balaban, Bd. I, S. 125) das Verhör der Angeklagten am Krakauer Marktplatz beschrieb:

„In dieser Zeit wurde die achtzigjährige, weißhaarige Krakauer Bürgersfrau Melcherowa (Frau Melchior Weigels) wegen jüdischen Glaubens auf dem Krakauer Marktplatz verbrannt - was ich selbst gesehen habe. Versammelt haben sich der Bischof Gamrat und das ganze Domkapitularkollegium, um ihr Glaubensbekenntnis anzuhören. Nach unserem Credo befragt, ob sie an den allmächtigen Gott, den Schöpfer des Himmels und der Erde glaubt, antwortete sie: 'Ich glaube an den Gott, der alles, was wir sehen und nicht sehen, geschaffen hat, der mit menschlichem Verstand nicht erfaßt werden kann und mit dessen Wohltaten wir Menschen und die ganze Welt erfüllt sind.' Ihre lange Erklärung ergänzte sie mit der Beschreibung der Macht Gottes und mit der Aufzählung seiner unaussprechlichen Wohltaten. Da wurde die Befragung fortgesetzt: 'Und glauben Sie an seinen einzigen Sohn, unsern Herrn Jesus Christus?' Darauf antwortete sie: 'Weder hat Gott der Herr eine Frau noch einen Sohn gehabt, weil er das nicht nötig hat. Nur die Sterblichen haben Söhne nötig. Gott ist aber ewig, und da er nicht geboren wurde, kann er auch nicht sterblich sein. Wir sind seine Kinder' - sagte sie - 'und alle, die seine Wege gehen, sind seine Söhne.' Da schrien die Kollegiumsmitglieder auf: 'Falsch zeugst du, du Unglückselige! Beachte doch, daß es Prophezeiungen gibt, die besagen, daß Gott seinen Sohn in die Welt gesandt hat, der wegen unseren Sünden gekreuzigt wurde, um uns, die unfolgsamen Adamskinder, durch seine Folgsamkeit mit Gott Vater zu vereinen!' Unablässig redeten die Doktoren auf sie ein, aber je eindringlicher auf sie eingeredet wurde, desto beharrlicher behauptete sie, daß Gott kein Mensch sein und geboren werden kann. Da sie sich von dem jüdischen Glauben nicht abbringen ließ, wurde sie als Gotteslästerin bezeichnet und den Stadtbehörden übergeben, und einige Tage danach wurde sie verbrannt, wie ich oben berichtet habe, wobei sie unerschrocken in den Tod ging." (L. Górnicki, nach M. Balaban, Bd. I, S. 125)

Das Autodafé der angesehenen Bürgersfrau hinterließ bei der Bevölkerung einen tiefen Eindruck. Der erboste König Sigismund I. der Alte (Zygmunt Stary) erließ wieder einmal ein strenges Wohnverbot für die Juden außerhalb der jüdischen Stadt, „weil die Vermischung von Juden und Christen das Fenster für viele Frevel- und Schandtaten öffnet" („quae res tot sceleribus et flagitiis fenestrum aperit"). Gleichzeitig befahl er, die Juden zu finden, „welche die unglückliche alte Frau auf den Weg der Schuld und der Strafe geführt haben." (L. Górnicki, nach M. Balaban, Bd. I, S. 125)

Schnell hat die Krakauer Polizei die Schuldigen gefunden: den Kantor der alten Synagoge und seine Freunde. Dem Kantor gelang die Flucht in die Rus (das ostslawische Kiewer Reich). Auch dort vom König verfolgt, flüchtete der Kantor in die Türkei. Für die Flucht des Kantors mußten die Krakauer Juden büßen. Ihre Seniores und der Rabbiner wurden verhaftet. Die Verfolgung der Juden erstreckte sich auch auf Litauen, wohin der König zwei Hofbeamte zur Abklärung der Judaisierungsvorgänge sandte. Die Folge dieser Judenverfolgung war ein wirtschaftlicher Notstand, weil die Märkte in Litauen und Lublin ohne die verängstigten Juden nicht abgehalten und daher Steuern und Zölle nicht eingezogen werden konnten.

Als der König die Ursache der Einnahmenausfälle erkannte, erließ er am 10. Juli 1539 ein Dekret, in dem er die Verfolgung der Juden bei Strafe untersagte. Nur die abtrünnigen Christen sollten gesucht und bestraft werden. Nach der Hinterlegung einer Kaution von 20'000 Zloty und nach der Fürsprache der Königin Bona wurden die gefangenen Krakauer Seniores und der Rabbiner aus der Haft entlassen. An den Haftfolgen gestorben ist im Jahre 1542 Dr. Mojzesz Fiszel, Rabbiner (Schüler von Jacob ben Joseph Polak - die erste talmudische Autorität Polens) und Senior generalis der jüdischen Gemeinde, ein Arzt, der in Padua Medizin studiert hatte. Sein Nachfolger wurde Rabbi Moses ben Israel Isserles, bekannt unter dem Acronym 'Remu'.

Die Grabstätte „hinter dem Zaun"

Es konnte niemand dafür eine Erlärung finden, warum sich die Grabstätte des berühmten Krakauer Rabbiners Jehoshua ben Josef (1590-1648), Verfasser des Werkes 'Meginej Schlomo', so dicht an der Mauer („hinter dem Zaun") des alten Remu-Friedhofs befand, wo nur die Selbstmörder und entehrte Sünder bestattet wurden. Und so entstand eine Legende, die Agnon in seinem Buch 'Hinter der Mauer' wiedererzählte (poln. Übersetzung von S.J. Agnon). Als ein vermögender, aber schlechter und geiziger Jude starb, der niemandem helfen wollte, fragten die Juden Rabbi Jehoshua ben Josef: Wie soll man ein bleibendes, entehrendes und warnendes Andenken an diesen schlechten Juden bewahren? Da empfahl ihnen der Rabbi, den unwürdigen Glaubensgenossen dicht an der Friedhofmauer „hinter dem Zaun" in Schande zu bestatten.

Zu gleicher Zeit lebte in Krakau ein geachteter, reicher und großzügiger Wohltäter, der niemandem seine Hilfe verwehrte. Nach dem Tode des Geizhalses verarmte aber der Mann und konnte niemandem mehr helfen. Befragt, wie er in so einer kurzen Zeit sein ganzes Vermögen verloren hatte, gab er zur Antwort, daß er nie eigenes Geld besessen habe. Alles Geld, das er verteilte, habe er von dem Geizhals erhalten, der kürzlich so schändlich bestattet worden war. Er mußte ihm versprechen, jedem Bedürftigen zu helfen und niemandem zu erzählen, woher das Geld stammte. Als Rabbi Jehoshua ben Josef davon erfuhr, verfügte er in seinem Testament, daß er „hinter dem Zaun", neben dem verkannten und entehrten Wohltäter bestattet werden sollte.

Sauls Wahl als König für eine Nacht

In der Krakauer Judenstadt Kazimierz lebte auch eine Zeitlang der 'Jüdische König Polens für eine Nacht'. Es war Saul Judycz Kacenellenbogen, vulgo Saul Wahl (gest. 1617), ein italienischer Jude, Sohn des Rabbiners von Padua, Samuel Juda Kacenellenbogen, aus Katzenelbogen in Rheinland-Pfalz. Der junge Saul kam nach Brzesc in Litauen (jüd. Brisk), um dort an der berühmten Jeschiwa zu studieren. Nach seiner Heirat wurde Saul Wahl dank seiner Bildung und Kultur zum wichtigsten Unternehmer und Pächter der Könige Stefan Batory (1575-1586) und Sigismund (Zygmunt) III. Vasa (1587-1632). Als Pächter der Salzgruben in Wieliczka bei Krakau hatte er auch seinen Wohnsitz im Krakauer Kazimierz (M. Balaban). Die Achtung der Juden erwarb er sich als Vertreter der litauischen Juden im jüdischen Parlament, dem 'Rat der vier Länder' ('Waad Arba Arzot') in Lublin und als Verteidiger der Rechte der polnischen Juden am Königshof. „In einem Anfall von guter Laune"[11] wählten ihn die Elektoren der Szlachta (polnischer Adel) im Interregnum, nach dem

---

[11] M. Mieses, Z rodu zydowskiego (poln. Aus dem jüdischen Stamm). WEMA, Warschau 1991.

Tode des Königs Stefan Batory zum König für eine Nacht. Die Familiensaga berichtet, daß Saul Wahl in der Nacht, als er König war, alle königlichen Privilegien für das polnische Judentum bestätigte (nach M. Balaban, Bd. I, S. 161).

Eine Chanukka-Geschichte aus Krakau

Trotz Protesten und Widerstand des katholischen Klerus gelang es dem reichen Krakauer Bankier Izak Jakubowicz genannt Reb 'Ajzyk-Reb Jekeles' (gest. 1653), der am Hof Königs Wladyslaw IV. (1632-1648) großen Einfluß besaß, in den Jahren 1638-1644 eine Synagoge zu errichten, die nach seinem Namen Ajzyk-Synagoge hieß. Die schöne Barocksynagoge mit ihren Thorarollen, die mit kostbaren Mänteln umhüllt, mit silbernen und goldenen Kronen sowie Schildern geschmückt waren und der große, aus getriebenem Silber geschmiedete Chanukkaleuchter waren dem katholischen Klerus und dem judenfeindlichen Gesindel ein Dorn im Auge. Wiederholt versuchte der Pöbel, in die Synagoge einzudringen und sie auszurauben. Durch strenge Bewachung konnten jedoch die Raubversuche verhindert werden.

Es war Chanukka, als Reb Ajzyk durch eine vertrauliche Mitteilung von einem geplanten nächtlichen Raubüberfall erfuhr. Sofort begab er sich zum Stadtrabbiner Jom-Tov Lippman-Heller (1579-1654), der ein bekannter Schriftgelehrter und Verfasser des Mischna-Kommentars 'Tossafot Jom-Tov' war, um bei ihm Rat zu holen. Nach zweistündiger Beratung erstellten die beiden Männer einen Aktionsplan. Die Vorderseite der Synagoge konnte gut bewacht und im Notfall auch verteidigt werden. Die Rückseite aber, die an den Remu-Friedhof grenzte, war in der Nacht schwer zu bewachen. So erwarteten Reb Ajzyk und Rabbi Jom-Tov Lippman-Heller den nächtlichen Angriff auf die Synagoge von der Friedhofseite her. Ihre Annahme erwies sich als richtig.

Um Mitternacht überquerte eine johlende Bande die Friedhofmauer, um die Synagoge von der Rückseite anzugreifen. Da tauchten plötzlich hinter den Grabsteinen, ganz in Weiß, 'die Geister der Verstorbenen' auf. Es waren junge, kräftige Jeschiwa-Schüler, mit 'Tachrichim' (Totenkleider) verkleidet und mit dicken Knüppeln bewaffnet, die Rabbi Jom-Tov Lippman-Heller für die Aktion aufgeboten hatte. Beleuchtet wurde die gespenstische Friedhofsszenerie mit dem großen silbernen Chanukkaleuchter, dem Prunkstück der Synagogeneinrichtung. In panischer Angst flüchteten die Räuber. Es gab keine weiteren Überfälle mehr auf die Ajzyk-Synagoge. Und viele Polen in Krakau glaubten noch lange Zeit, daß an Chanukka auf dem Remu-Friedhof die Geister der Verstorbenen aus den Gräbern steigen. Durch die Deutschen im Jahre 1940 ausgeraubt und verwüstet, wurde die Ajzyk-Synagoge in den Jahren 1957/58 restauriert.

Wie Reb Ajzyk Reb Jekeles zu seinem großen Vermögen kam

Reb Ajzyk, der Sohn eines begüterten Kaufmanns Reb Jekele (Diminutiv von Jakob), den man auch 'Jakob den Reichen' nannte, übertraf seinen Vater an Reichtum und Rang. Vierzig Jahre lang war er 'Senior generalis' der jüdischen Gemeinde. Nach dem Tode seines Vaters träumte der damals noch junge Ajzyk einmal von einem Schatz in Prag, der unter einer Brücke vergraben liege. Träume sind Schäume, dachte der junge Mann. Als sich der Traum jedoch mehrmals wiederholte, schnürte er sein Bündel, und mit einer Schaufel ausgerüstet begab sich nach Prag.

Dort angekommen, begann er in der Nacht seine Suche. Von einem Nachtwächter erwischt und nach seinem Tun befragt, erklärte Ajzyk dem Wächter den Sachverhalt. „Du dummer Junge", lachte ihn der Wächter aus, „wegen eines blöden Traums kommst du von Krakau nach Prag und buddelst in der Nacht ein Loch unter der Brücke? Von einem verborgenen Schatz träumen doch viele Leute", meinte der Wächter: „Wenn ich zum Beispiel von einem im Ofen versteckten Schatz im Hause eines reichen Juden in Krakau geträumt hätte, wäre ich gar nicht auf die Idee gekommen, meine Familie zu verlassen und den weiten Weg nach Krakau zu machen", bemerkte der Wächter noch.

Beschämt wegen seiner Dummheit gab der junge Mann die Suche auf und begab sich auf den Heimweg. Die spöttische Bemerkung des Prager Wächters über den versteckten Schatz im Ofen eines reichen Juden in Krakau behielt Ajzyk jedoch im Gedächtnis. Als er nach Hause kam, entfernte er eine Kachel vom Küchenofen und fand im Ofen versteckt einen Krug voll goldener Münzen. Hat sein Vater Jakob der Reiche, einen Teil seines Vermögens im Ofen versteckt und konnte er vor seinem Tode - als er sehr krank war - die Familie nicht mehr über das Versteck unterrichten? Und suchen manche nicht Glück und Reichtum in fernen Ländern und ahnen nicht, daß es sich in ihrem eigenen Haus befindet? (Vgl. M. Buber 1977)

Ein geheimnisvolles Bild

Im Jahre 1922 wurde der Krakauer Orientalist Dr. Salomon Spitzer auf das Schloß Wawel gerufen, um auf einem alten Bild eine hebräische Inschrift zu entziffern. Das Bild stellte die Königin Anna Jagiellonka dar, die Königskinder und eine bärtige Gestalt mit einer Pelzmütze, die mit hebräischen Buchstaben verziert war. Die zwei Buchstaben auf der Pelzmütze konnte Dr. Spitzer ohne Schwierigkeiten als 'Kaf' und 'Schin' identifizieren. Schwieriger gestaltete sich die Entzifferung des in den Fußbodenornamenten auf diesem Bild versteckten hebräischen Textes. Er lautete: „Ich Kohen (mit Kaf) Stoß (mit Schin), durch ein Wunder errettet, fand hier Zuflucht." Nach Dr. Spitzer wurden die von ihm entzifferten hebräischen Inschriften einige Tage später übermalt, und in der Folgezeit ist auch das Bild spurlos verschwunden. Mitgeteilt hat Dr. Spitzer seine Entdeckung Prof. Dr. Julian Aleksandrowicz (1908-1988), Arzt, Wissenschaftler und seit 1956 Ordinarius an der Jagiellonischen Universität, der als Doktor Twardy-Hart bei den polnischen Partisanen und in der Heimatsarmee (Armja Krajowa) kämpfte. Aufgeschrieben hat diese Geschichte Artur Fiszer (1912-1975) in seinen unveröffentlichten Aufzeichnungen über Krakau 'Cymesy i curesy' (aus dem Jiddischen: 'Zimmes und Zures' - 'Erfreuliches und Ärgerliches').

Veit Stoß (poln. Wit Stwosz, 1445-1533), ein berühmter Bildhauer und Schnitzer, aber auch als Kupferstecher und Maler tätig, kam um 1470 aus Nürnberg nach Krakau. Sein Werk stellt den Höhepunkt der spätgotischen Plastik dar. Seine bekanntesten, bis heute noch in Krakau erhaltenen Werke, sind der Flügelaltar (ein Triptychon) in der Marienkirche und ein Sarkophag auf Schloß Wawel. Im Jahre 1496 verließ Veit Stoß, „der alle Warnungen in den Wind schlug", Krakau und reiste nach Nürnberg zurück: „Mit einem zornigen Lied. Wie David. Polen war sein Leben. Und Krakau hinterließ er sein Herz. Und er starb in Nürnberg, und niemand beweinte ihn." So hat der polnische Schriftsteller und Dichter Konstanty Galczynski (1905-1953) die Abreise von Veit Stoß beschrieben (M. Klanska 1994, S. 89). Nach seiner Rückkehr nach Nürnberg wurde Veit Stoß dort wegen Wechselfälschung gebrandmarkt, später jedoch von Kaiser Maxmilian rehabilitiert.

„Hat Veit Stoß der Stadt Krakau außer dem Marienaltar, dem Sarkophag auf dem Wawel und seinem eigenen Herzen vielleicht noch ein geheimnisvolles Bild mit dem Geheimnis seiner Biographie überlassen?", fragt Artur Fiszer am Ende seiner Aufzeichnungen 'Cymesy i curesy' über die Geschichte vom geheimnisvollen Bild (A. Fiszer, in: M. Klanska 1994, S. 89).

Eine jüdische Prozession

Anfang der dreißiger Jahre bewegte sich an Fronleichnam eine feierliche Prozession von der Kathedrale am Wawel zur Marienkirche am Rynek Główny (Hauptmarktplatz) durch die Hauptstraßen der Stadt. Hinter einem großen und schweren Kruzifix, abwechselnd von zwei starken Männern getragen, wurde der feierlicher Umzug angeführt vom Krakauer Erzbischof Fürst Adam Sapieha, dem späteren Mentor von Karol Wojtyla (Papst Johannes Paul II.). Der mit schwerem Ornat bekleidete Erzbischof wurde von beiden Seiten gestützt durch den Stadtpräsidenten Dr. Mieczyslaw Kaplicki und durch den General der Krakauer Division, Bernard Stanislaw Mond. Die Juden nannten diese Fronleichnamsprozession scherzhaft die 'jüdische Prozession'. Dr. Mieczyslaw Kaplicki, der letzte Präsident der Stadt Krakau vor dem Einmarsch der Deutschen, hat nämlich vor der Taufe Mojsche Kapelner geheißen. General Bernard Mond hat seinen Familiennamen behalten; sein zweiter Vorname Stanislaw war sein Taufname.

Die letzte Erzählung

In den Jahren 1939-1945 wurde der alte Remu-Friedhof (angelegt 1552), die Ruhestätte der berühmten Rabbiner und Gelehrten, der königlichen Ärzte und Bankiers durch die Deutschen vollständig verwüstet. Mit der zerstörten Friedhofsmauer und den zertrümmerten Grabsteinen, sofern man sie nicht für Bauzwecke verwendete, wurde einer der ältesten jüdischen Friedhöfe Europas (nach Lublin 1541 der zweitälteste in Polen) in einen Schutthaufen verwandelt. Nur einige wenige Grabsteine blieben unversehrt, darunter der Grabstein von Remu.

So kommt zu den alten Legenden und Sagen der Krakauer Juden die letzte Erzählung hinzu: Der mit der Vernichtung des Friedhofs beauftragte Deutsche kannte vielleicht den alten Fluch und die Voraussage, die lauteten: „Wer das Grab von Remu beschädigt, wird verflucht und noch im gleichen Jahr sterben." Jedenfalls ließen er und seine Helfershelfer den Grabstein Remus unbeschädigt an seinem Standort stehen. Und so kommen heute wieder fromme Juden aus aller Welt nach Krakau, um an Remus Ruhestätte zu beten - wie ihre Vorfahren, die jedes Jahr an Lag ba-Omer, Remus Todestag, zu seinem Grabe pilgerten.

Grab des Moses ben Israel Isserles Remu 1993 (Foto Wiehn)

Anhang

Eingangstor zum Hof der Remu-Synagoge 1993 (Foto Wiehn)

Eingangstor zum Hof der Remu-Synagoge 1980 und 1993 (Foto Wiehn)

Remu-Synagoge 1993 (Foto Wiehn)

Remu-Synagoge 1993 (Foto Wiehn)

Alte Synagoge - Altschul 1980 und 1993 (Foto Wiehn)

Remu-Friedhof und Neuer Friedhof 1980 (Foto Wiehn)

Tempel - Synagoge 1983 (Foto Wiehn)

Tempel - Synagoge 1993 (Foto Wiehn)

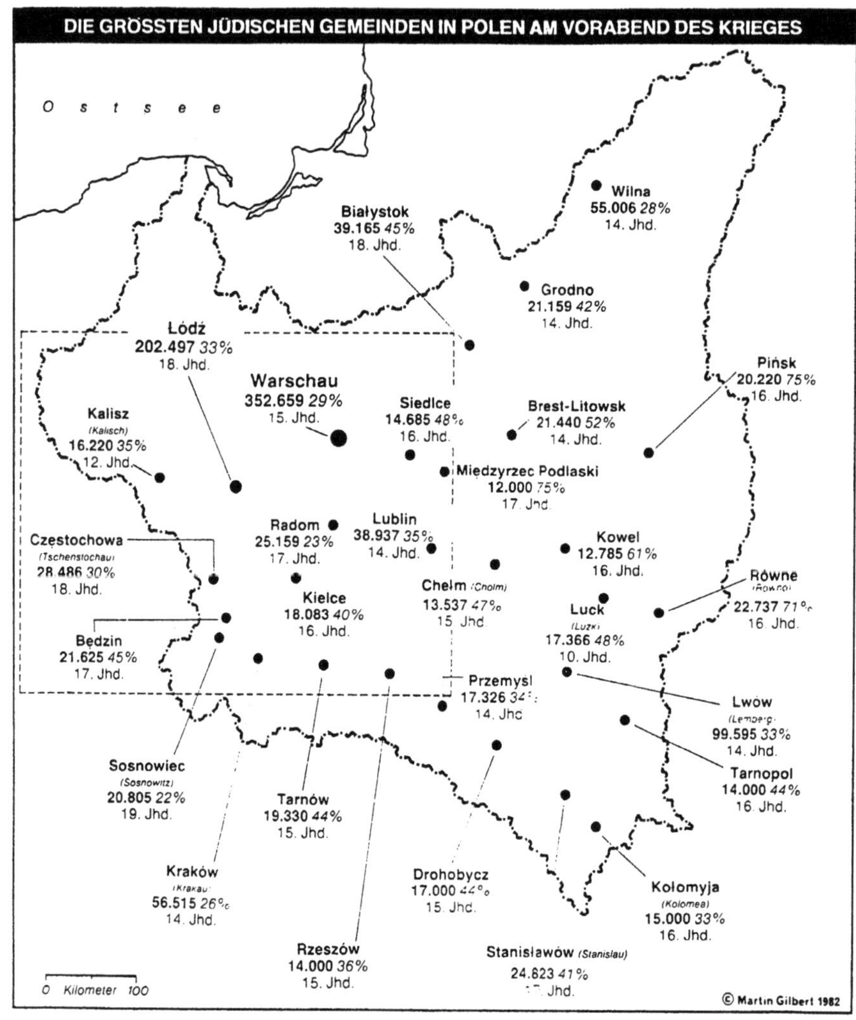

In: Martin Gilbert, Die Vertreibung und Vernichtung der Juden. Ein Atlas. (1982) Reinbek 1995 (aktuell 13670), Karte 28, S. 32 - Copyright © by Rowohlt Taschenbuch Verlag GmbH, Reinbek; hier mit freundlicher Genehmigung des Rowohlt Verlags.

Der Distriktschef von Krakau

ANORDNUNG

Kennzeichnung der Juden im Distrikt Krakau

Ich ordne an, dass alle Juden im Alter von über 12 Jahren im Distrikt Krakau mit Wirkung vom 1. 12. 1939 ausserhalb ihrer eigenen Wohnung ein sichtbares Kennzeichen zu tragen haben. Dieser Anordnung unterliegen auch nur vorübergehend im Distriktsbereich anwesende Juden für die Dauer ihres Aufenthaltes.

Als Jude im Sinne dieser Anordnung gilt:

1. wer der mosaischen Glaubensgemeinschaft angehört oder angehört hat,

2. jeder, dessen Vater oder Mutter der mosaischen Glaubensgemeinschaft angehört oder angehört hat.

Als Kennzeichen ist am rechten Oberarm der Kleidung und der Überkleidung eine Armbinde zu tragen, die auf weissem Grunde an der Aussenseite einen blauen Zionstern zeigt. Der weisse Grund muss eine Breite von mindestens 10 cm. haben, der Zionstern muss so gross sein, dass dessen gegenüberliegende Spitzen mindestens 8 cm. entfernt sind. Der Balken muss 1 cm. breit sein.

Juden, die dieser Verpflichtung nicht nachkommen, haben strenge Bestrafung zu gewärtigen.

Für die Ausführung dieser Anordnung, insbesondere die Versorgung der Juden mit Kennzeichen, sind die Ältestenräte verantwortlich.

Krakau, den 18. 11. 1939.

(—) *Wächter*
Gouverneur

Szef dystryktu krakowskiego

ROZPORZĄDZENIE

Znamionowanie żydów w okręgu Krakowa

Zarządzam z ważnością od dnia 1. XII. 1939, iż wszyscy żydzi w wieku ponad 12 lat winni nosić widoczne znamiona. Rozporządzeniu temu podlegają także na czas ich pobytu przejściowo w obrębie okręgu przebywający żydzi.

Żydem w myśl tego rozporządzenia jest:

1) ten, który jest lub był wyznania mojżeszowego,

2) każdy, którego ojciec, lub matka są lub byli wyznania mojżeszowego.

Znamieniem jest biała przepaska noszona na prawym rękawie ubrania lub odzienia wierzchniego z niebieską gwiazdą sionistyczną. Przepaska winna mieć szerokość conajmniej 10 cm, a gwiazda średnicę 8 cm. Wstążka, z której sporządzono gwiazdę, winna mieć szerokość conajmniej 1 cm.

Niestosujący się do tego zarządzenia zostaną surowo ukarani.

Za wykonanie niniejszego zarządzenia, zwłaszcza za dostarczenie opasek czyni odpowiedzialną Radę starszych.

Kraków, dnia 18. XI. 1939.

(—) *Wächter*
Gubernator

"DAS TOR ZUM JÜDISCHEN WOHNBEZIRK IN KRAKAU IST SEINEN BEWOHNERN STILGEMÄSS ANGEPASST" (Originaltext) In: B.H. Hirche, Erlebtes Generalgouvernement. Krakau 1941.

Ghettomauer-Mahnmal in Krakau 1983 (Foto Wiehn)

Umfriedungsmauer des Remu-Friedhofs aus zerstörten Grabsteinen 1993 (Foto Wiehn)

Erhard Roy Wiehn

Jüdische Spuren in Krakau

„Ja, die Sterne sind zählbar geworden, blaue Davidskennzeichnung auf weißer Armbinde ist kein laufendes Band mehr. Auch hier hat die deutsche Säuberung eingesetzt", so der deutsche NS-Berichterstatter Bruno Hans Hirche in seinem 'Erlebtes Generalgouvernement' damals: „daß man von Anfang an auf eine reinliche Scheidung bedacht war, beweisen in erster Zeit bis zum Frühjahr 1941 die Schilder an den Straßenbahnen, die den Nichtjuden und Juden getrennte Plätze zuweisen. Diese strenge Trennung war vor allem aus gesundheitlichen Gründen erforderlich." Nach dem Stadtinnern zu häuften sich an den Häusern die Hinweise auf deutsche Dienststellen und Geschäfte. Ein Kulturzentrum „deutschester Prägung, das Institut für Deutsche Ostarbeit" in den gotischen Bibliothekshallen der alten Universität aus der ersten Hälfte des 15. Jahrhunderts werde „auf immer wieder befruchtender deutscher Vergangenheit aufbauend als lebendige Schöpfung der Gegenwart das Deutschtum der Jahrhunderte in alle Zukunft festigen..." An dieser Universität habe unter zahlreichen deutschen Studenten auch Nikolaus Kopernikus studiert... Und die von den Polen im letzten Jahrhundert vernachlässigte Burg sei heute wieder in den Mittelpunkt historischen Geschehens gerückt als Dienstsitz des deutschen Generalgouverneurs: „Hier schlägt das Herz des heutigen Generalgouvernements und durchsetzt die Kanäle dieses verwahrlosten Landes mit einem gesunden Blutkreislauf, der alle neu belebt... Ein hartes, aber gerechtes Regiment wird von hier aus ausgeübt über ein Volk..." (B.H. Hirche 1941. S. 101f.).

. Dieser deutsche NS-Volksgenosse kam damals zunächst nach Krakau, und was war ihm dort vor allem aufgefallen? - „Der fürchterliche Dreck auf dem Bahnhofsplatz. Inzwischen hat freilich deutsche Ordnung gründlichen Kehraus gehalten... - Dann aber waren es vor allem die vielen gotischen Türme, die im wortwörtlichsten Sinne mein Aufsehen erregten. Dieser Kranz, über den sich stolz die wuchtige Burg am Weichselstrand erhebt, war mir inmitten aller Fremdheit ein deutscher Willkommensgruß an jenem trüben Tage. - Dieses deutsche Gesicht Krakaus, das nur einer gründlichen Reinigung bedurfte, hat sich nie verleugnen lassen. Auch unter bewußter Vernachlässigung und polnischem Schmutz nicht. Dazu waren die Züge zu klar und glaubensstark in Stein gehauen." Der alte Markt mit den historischen Tuchhallen hieß damals „Adolf-Hitler-Platz", wichtiger aber war die Zentrale der Sicherheitspolizei: „Es ist ein vielstöckiger, wuchtiger Gebäudeblock und nach außen hin ein

Haus wie jedes andere hier, aber innen voller Geheimnisse. Hier laufen unzählige Fäden zusammen, die fein säuberlich aufgerollt und verwoben manches überraschende Gewebe ergeben. - ... - Die Sicherheitspolizei hat als mobile Einsatzgruppe der Wehrmacht den Polenfeldzug von Beginn an mitgemacht. - ... Die Bewohner blickten uns mehr neugierig als ängstlich entgegen... - Besonders auffallend drängten sich die Juden hilfsbereit herbei. Sie konnten sich auch dieser Situation am schnellsten anpassen. Wann wären sie überhaupt je um einen Dreh und eine geschäftstüchtige Angleichung verlegen? Sie boten sich als Führer an. Natürlich gegen gute Bezahlung." (B.H. Hirche 1941, S. 12, 34, 39)

„Der Distrikt Galizien hat uns nicht nur gebietsmäßig, sondern vor allem auch wirtschaftlich reicher gemacht. - Und noch eine Erkenntnis fanden wir bestätigt - Galizien gehört organisch zu uns. Land und Leute treten dafür immer wieder den Beweis an. Oft unbewußt, denn dieses Fundament ist nicht seit gestern und vorgestern gelegt. Seit 150 Jahren wurzelt das Deutschtum zwischen Dnjestr und Pruth. - Die Kolonisation Kaiser Josephs II. erschloß dieses Land dem deutschen Kulturkreis. Und immer, wenn es am engsten in ihn einbezogen war, blühte es in allen Teilen. Wurde es von fremdem Unkraut bewuchert, so drohte es zu ersticken. - ... - Die Spuren eines harten Krieges ziehen sich mittendurch. Waffen blitzten und erzwangen den Frieden über dieses gesegnete Land. Jetzt blinken Sichel und Sense zwischen den Halmen. - Nach dem Kampf kommt das Ernten." (B.H. Hirche 1941, S. 235)

Der deutsche Generalgouverneur Dr. Hans Frank sprach übrigens noch im Sommer 1940 vom alten Plan einer Deportation aller Juden auf die französische Kolonial-Insel Madagaskar. Doch im Zuge der Planung des Überfalls auf die Sowjetunion wünschte auch das Oberkommando der Wehrmacht eine Beseitigung der „Gefahrenherde im Hinterland", wozu wohl insbesondere die von Juden dichtbevölkerten Gebiete zählen. Generalfeldmarschall (1940, und Chef des Oberkommandos der Wehrmacht) Wilhelm Keitel dürfte „die Vertreibung der jüdischen Bevölkerung aus Warschau als eine vom militärischen Gesichtspunkt aus wichtige, keinen Aufschub duldende Angelegenheit" betrachtet haben. So war die Vernichtung der Juden im Sommer 1941 in Gang gekommen, bereits im Oktober 1941 „fand die Massenerschießung von Juden in den Wäldern von Konin statt, im Dezember entstand die erste Todesfabrik auf polnischem Territorium, in Chelmno. Dort wurden die ersten Gruppen von Menschen aus dem sogenannen Warthegau vergast. Von Dezember 1941 bis April 1942 wurden dort über 40.000 Juden und Zigeuner ermordet." Im Dezember 1941 erklärte Dr. Hans Frank in Krakau, hinsichtlich der Juden erwarte er, daß sie verschwänden: „Der Generalgouverneur appellierte an die Versammelten, vor keinen Grausamkeiten zurückzuschrecken und weder Erbarmen noch Mitleid aufkommen zu lassen." Die „endgültige Lösung der Judenfrage" wurde dann auf der berüchtigten Wannsee-Konferenz am 20. Januar 1942 beraten und besiegelt, und bereits im März 1942 begann die Aussiedlung und Vernichtung der Juden von Lublin (vgl. B. Mark 1957, S. 6ff.; vgl. L. Poliakov u. J. Wulf 1983, S. 87, 116, 178).

Generalgouverneur Dr. Hans Frank sagte auf einer Regierungssitzung am 16. Dezember 1941 in Krakau unter anderem: „... Mit den Juden - das will ich Ihnen ganz offen sagen - muß so oder so Schluß gemacht werden. Der Führer sprach einmal das Wort aus: wenn es der vereinigten Judenschaft wieder gelingen wird, einen Weltkrieg zu entfesseln, dann werden die Blutopfer nicht nur von den in den Krieg gehetzten Völkern gebracht werden, sondern dann wird der Jude in Europa sein Ende gefunden haben. Ich weiß, es wird an vielen Maßnahmen, die jetzt im Reich gegenüber den Juden getroffen werden, Kritik geübt. Bewußt wird - das geht aus den Stimmungsberichten hervor - immer wieder versucht, von Grausamkeit, Härte usw. zu sprechen. Ich möchte Sie bitten, einigen Sie sich mit mir zunächst, bevor ich jetzt weiterspreche, auf die Formel: Mitleid wollen wir grundsätzlich nur mit dem deutschen Volk haben, sonst mit niemandem auf der Welt. Die anderen haben auch kein Mitleid mit uns gehabt. Ich muß auch als alter Nationalsozialist sagen: wenn die Judensippschaft in Europa den Krieg überleben würde, wir aber unser bestes Blut für die Erhaltung Europas geopfert hätten, dann würde dieser Krieg doch nur einen Teilerfolg darstellen. Ich werde daher den Juden gegenüber grundsätzlich nur von der Erwartung ausgehen, daß sie verschwinden. Sie müssen weg... Aber was soll mit den Juden geschehen?

Glauben Sie, man wird sie im Ostland in Siedlungsdörfern unterbringen? Man hat uns in Berlin gesagt: weshalb macht man diese Scherereien; wir können im Ostland oder im Reichskommissariat auch nichts mit ihnen anfangen, liquidiert sie selber. Meine Herren, ich muß Sie bitten, sich gegen alle Mitleidserwägungen zu wappnen. Wir müssen die Juden vernichten, wo immer wir sie treffen und wo es irgend möglich ist, um das Gesamtgefüge des Reiches hier aufrechtzuerhalten... Wir haben im Generalgouvernement schätzungsweise 2,5, vielleicht mit den jüdisch Versippten und dem, was alles daran hängt, jetzt 3,5 Millionen Juden. Diese 3,5 Millionen Juden können wir nicht erschießen, wir können sie nicht vergiften, werden aber doch Eingriffe vornehmen können, die irgendwie zu einem Vernichtungserfolg führen, und zwar im Zusammenhang mit den vom Reich her zu besprechenden großen

Maßnahmen. Das Generalgouvernement muß genauso judenfrei werden, wie es das Reich ist..." (JHIW, S. 262f.).

*

„Guten Morgen miteinander!", so Stadtführerin Jadwiga am 23. April 1983 in Krakau: „Ich darf Sie heute begleiten und möchte gleich mit der Stadtgeschichte beginnen: Also Krakau ist die drittgrößte Stadt Polens, liegt 210 Meter über dem Meeresspiegel. Bis zum Anfang des 17. Jahrhunderts war es die Hauptstadt Polens; erst seit dem 17. Jahrhundert ist Warschau Hauptstadt, doch Krönungsstadt war Krakau geblieben. Die Könige sind dann immer von Warschau nach Krakau zur Krönung gekommen, wurden in der Kathedrale auf dem Wawel-Hügel gekrönt, und dann sind sie zurückgefahren; wenn sie gestorben sind, wurden sie auch dort in der Kathedrale begraben. Die ersten Könige liegen in der Kathedrale, die späteren in der Gruft. - Wo kommt der Name 'Krakau' her? Im 7. Jahrhundert lebte hier nach der Legende ein Drache, der großen Appetit hatte, - er stürzte sich auf Menschen, und sie hatten Angst vor dem Drachen. In derselben Zeit soll hier ein tapferer Herzog gelebt, der sich 'Krak' nannte; er soll so tapfer gewesen sein, daß er den Drachen tötete. Und schon seit dem siebten Jahrhundert heißt dieser Ort Krakau, Kraków, nach dem tapferen Herzog Krak, der nach der Legende den Drachen tötete. - Rechts sehen Sie Hochhäuser: Das ist ein Studentenstädtchen, hier sind die Studentenheime; ca. 8.000 Studenten wohnen hier in Zwei- und Drei-Bett-Zimmern. In Krakau haben wir die zweitälteste Universität in Mitteleuropa. Gründer war der letzte polnische Piasten-König, Kasimir der Große; er gründete im Jahre 1364 die Krakauer Akademie, die zweitälteste nach der Prager Universität und ein Jahr vor der Wiener Universität.

Dieser König, Kasimir der Große, gründete auch diese Stadt Kazimierz im Jahre 1335, eine Stadt mit ihren eigenen Rechten und einer Stadtmauer. Im 15. Jahrhundert hat Jan I. Olbracht die Krakauer Juden dorthin übersiedelt, heute ist es ein Stadtviertel Krakaus, wir fahren gleich hin.

Krakau zählt jetzt (1983) über 750.000 Einwohner mit dem Stadtteil Nova Huta, wo sich ein großes Hüttenkombinat befindet, das größte in Polen. Es soll ein noch größeres Kombinat in der Nähe von Katowice entstehen; bis jetzt ist unsere Leninhütte jedoch die größte. Man produziert von dort jährlich über 7 Millionen Tonnen Stahl. - Wir nähern uns gleich der 'Allee der drei Dichter', der zweite Gürtel um die Stadt; der erste ist an der Stelle der ehemaligen Stadtmauer, jetzt der sogenannte 'Planten': Wenn man an einer Stelle anfängt zu spazieren, kommt man an dieselbe Stelle zurück, man kann sich nicht ver-

laufen, man kommt immer an dieselbe Stelle zurück. - Links der Krakauer
Park. - Jetzt fahren wir über die 'Allee der drei Dichter', - rechts das große
Haus ist die Hütten- und Bergbauakademie, die einzige in Polen, deshalb stu-
diert hier die Jugend aus ganz Polen. Das nächste ist die Akademie der Land-
wirtschaft. - Rechts jetzt das Gebäude der Jagiellonen-Bibliothek mit ca. zwei
Millionen Bänden. Hier steht das Werk von Nikolaus Kopernikus 'De revolutionibus orbium coelestium'! - Das nächste Gebäude ist das Nationalmuseum,
davor ein Denkmal für den Schriftsteller, Dichter, Dramaturgen und Maler
Stanislaw Wyspianski. - Hier ist Hotel Orbis-Krakowia mit 479 Plätzen, auch
Ein- und Zweibett-Zimmer. - Links das größte Warenhaus in Krakau, - und
dann unsere Wisla und der Wawel links, wo die Könige wohnten, wo sie ge-
krönt wurden, die Kathedrale und die Burg, - und die Königin der polnischen
Flüsse: Wisla, deutsch sagt man 'Weichsel', aber polnisch heißt der Fluß:
'Unsere Wisla'! - Die Kirche mit den zwei gleichen Türmen ist die Kirche auf
dem Felsen mit einer Krypta, dort liegen verdiente große Polen! - Die Wawel-
Burg links war eine Wehrburg, man sieht die drei Basteien!

Wir nähern uns jetzt der ehemaligen Stadt Kazimierz; hier war eine Stadt
mit eigenen Rechten, gegründet von König Kasimir dem Großen im Jahre
1335. Er war der letzte Piasten-König, der letzte König der ersten polnischen
Dynastie. Rechts das Rathaus der ehemaligen Stadt Kazimierz, im Renaissance-Stil umgebaut."

Wir fahren jetzt an der 'Neuen Synagoge' vorbei (S. 110f.): Hier finden jüdische Gottesdienste statt... Hierher hat Jan Olbracht damals das jüdische Volk
übersiedelt. - Hier ist die 'Neue Synagoge', dort steht die älteste, die 'Alte
Synagoge' (S. 108), zuerst gotisch, dann im Renaissance-Stil überbaut. In der
Alten Synagoge ist das judaistische Museum; es gibt gotische Teile, umgebaut
wurde sie im 16. Jahrhundert, jetzt ist sie nur Museum. - Im Oktober 1944
wurden hier 30 Patrioten erschossen, da wo dieser Stein steht, wo die Blumen
liegen... Sie wurden aus dem Gefängnis hierher gebracht, und an einem Tag
30 erschossen! - Hier sehen Sie noch einen Teil der Stadtmauer der ehemaligen Stadt Kazimierz. - Wir haben zwei jüdische Friedhöfe, hier war der älteste
mit schönen Renaissance-Denkmälern; gleich hier rechts ist jetzt der Neue
Friedhof (S. 109).

*

Erinnerungen an den August 1980, an meinen ersten Besuch dieses 'neuen'
Friedhofs, der damals nicht leicht zu finden war: Ich hatte verschiedene Stra-
ßenpassanten gefragt, niemand schien davon zu wissen; ich suchte und suchte,

gelangte durch eine Unterführung hinter einen Bahndamm, fand dort schließlich den 'Guten Ort', von einer hohen Mauer umfriedet, als jüdischer Friedhof
nur durch eine kleine schmiedeeiserne Pforte erkennbar, die jedoch verschlossen war. Weitere Erkundungsgänge führten zu einem in die Friedhofsmauer
eingefügten Haus, und durch dessen geöffneten finsteren Seiteneingang gelangte ich endlich zum gesuchten Ziel (S. 109).

Dieser Friedhof ist ziemlich groß, durch hohe Bäume dunkel beschattet, von
seiner Umgebung fast völlig abgeschirmt. Eine sonderbare Stille umfängt den
Besucher, die unglaubliche Ruhe fasziniert, wie durch einen Hauch von Ewig-
keit sanft hingerissen ist er versucht, den Atem anzuhalten, noch intensiver zu
lauschen, um diese einzigartige Stimmung noch tiefer in sich aufzunehmen,
wovon jedoch nicht nur die Ohren, sondern auch die Augen betroffen sind:
Durch Bäume und Sträucher fällt ein gedämpftes, mildes Licht auf schwarz-
verwitterte Grabsteine, deren älteste seit Anfang des 19. Jahrhunderts hier stehen, ehrwürdige Denk-Male mit Inschriften in hebräischer, jiddischer, polnischer, deutscher Sprache, immer wieder deutsche Vornamen und deutsch-
klingende Familiennamen, ein deutscher Grabspruch: 'Friede seiner Asche'.

Eine nahezu zweihundertjährige Geschichte in Gestalt von Grabsteinen, deren darunterliegende Schicksale durch eingemeißelte Symbole noch geheimnis-
voller erscheinen: zwei Hände, deren Fingerspitzen sich berühren; ein kunst-
voller Krug; zwei Vögel, deren Schnäbel sich treffen; Löwen mit unterschiedlichen Haltungen und Mienen, friedlich genug, um selbst Schnecken zu dulden,
die samt ihren wohlgeformten Häusern gemächlich über sie hinwegziehen. Einige Gräber sind nach jüdischer Sitte mit Denk-Steinchen, andere sind mit
Blumen und Kerzen frisch geschmückt. Die wenigen Gräber aus den allerersten Jahren wurden schon auf einem ehemaligen Gehweg angelegt, weil dieser
Neue Friedhof später zu klein geworden war, der die jüdischen Naziopfer von
Krakau gewiß nicht hätte fassen können, wohl nur durch Zufall vor deutscher
Zerstörung bewahrt wurde und dessen ungewöhnliche Friedlichkeit unvergeß-
lich bleibt.

*

Im April 1983 besuche ich gemeinsam mit der jüdischen Reisegruppe aus der
Bundesrepublik Deutschland die kleine Remu-Synagoge, an die sich der älteste
jüdische Friedhof Krakaus anschließt, beides hinter einer hohen Mauer ver-
borgen und von der Straße her nicht einsehbar (S. 105). Durch eine Mauertür
geht es über einen kleinen Innenhof geradeaus zur Synagoge und rechts zum
Friedhof, der jedoch heute, am Schabbat, verschlossen ist und durch eine Git-

tertür nur teilweise überblickt werden kann. Der Weg zur Synagoge führt durch einen kleinen Vorraum, in welchem eine sehr bescheidene Tafel für etwa ein Dutzend Menschen gedeckt ist: Auf einem groben Holztisch sind Teller mit Fischen sowie Scheiben von schwarzem Brot und leere Gläser gerichtet für den 'Kiddusch' im Anschluß an den Gottesdienst.

Durch eine weitere Tür gelangt man in die kleine Synagoge, wo nun allenfalls zehn alte Männer beten, denen ein paar ältere Frauen vom abgeteilten hinteren Frauenraum her zuschauen. Ein Teil der Männer unterbricht sogleich das Gebet, man kommt ins Gespräch, spricht jiddisch, und rasch stellt sich heraus, daß der Gottesdienst leider schon fast zu Ende ist. Freundlich empfehlen sie, zur Neuen Synagoge ('Tempel') zu gehen, wo ein anderer Gottesdienst gerade begonnen haben soll. Daher machen wir uns alsbald wieder auf den Weg, und so bleibt diesmal viel zu wenig Zeit, um diese alte Synagoge genauer zu betrachten. Doch schon den flüchtigen Blicken zeigen sich eine Räumlichkeit und Einrichtung, die einmal sehr schön gewesen sein müssen, jedoch längst eine gründliche Erneuerung verdienten, wozu die eher ärmlich wirkenden wenigen Beter sicherlich nicht in der Lage sein dürften. Die bekennende Anwesenheit dieser treuen Hüter einer von Deutschen vernichteten Welt wird um so respektgebietender in Erinnerung bleiben.

*

Während meines ersten Besuchs im August 1980 hatte ich zunächst die älteste Synagoge in Krakau gesucht und bald gefunden, war von der Krakauer Altstadt über die Stalingradstraße zu diesem ehemaligen jüdischen Stadtviertel Kazimierz hinausgegangen, nicht ohne zu bemerken, daß die frühere Judenstadt doch ziemlich weit vom katholisch-prunkvollen Stadtkern der Altstadt entfernt lag. Diese uralte Synagoge war damals wegen Renovierungsarbeiten geschlossen; auf ihren Stufen sitzend ließ sich darüber nachsinnen, was gerade auch in diesem Viertel zur Zeit des deutschen Generalgouverneurs Dr. Hans Frank geschah. Aber das Mörderische entzieht sich letztlich jeder konkreten Vorstellung, zumal an diesem menschenleeren Ort, der so friedlich wirkte, als habe hier niemals eine Hölle gewütet, welche die Menschen samt ihrer Kultur verschlang und nur Reste ihres Gehäuses übrig ließ. Wieviele Spuren des vielhundertjährigen jüdischen Lebens sind geblieben? (Vgl. L. Poliakov u. J. Wulf 1983, S. 293ff.)

„Die Alte Synagoge aus dem 15. und 16. Jahrhundert, im Stil der Gotik und Renaissance sorgfältig wieder aufgebaut, steht an einem mittelgroßen Platz, der als Marktplatz des jüdischen Viertels kommunikativ proportioniert erscheint", hatte ich im Jahre 1980 notiert: „In der Nähe soll es einen alten jüdischen Friedhof geben mit einer kleinen Synagoge dabei. Da entsprechende Nachfragen keine Auskunft erbringen, suche ich selbst in der Umgebung und im ganzen Geviert. Dabei findet sich ein ansehnliches Gebäude mit einer verblaßten Aufschrift in hebräischen Buchstaben, links und rechts davon je ein in Stein gemeißelter Davidsstern; leider ist jedoch überhaupt niemand in der Nähe, den ich über die Bedeutung dieses Hauses befragen könnte, auch von dem gesuchten Friedhof keine Spur. Wieder an der Alten Synagoge angelangt, will ich meinen Augen kaum trauen: Um die Ecke einer Seitenstraße links gegenüber kommen plötzlich drei Männer in traditioneller ostjüdischer Kleidung, eilen an der den Marktplatz zur Linken begrenzenden Mauer entlang und sind durch eine kleine Mauerpforte hindurch schon wieder verschwunden. - Eine unwahrscheinliche Erscheinung aus der chassidischen Welt! - Ich folge sogleich den Gestalten, gelange durch die Pforte auf einen kleinen Innenhof, links liegt tatsächlich der alte Friedhof, geradeaus die Remu-Synagoge: Hier haben sich ein gutes Dutzend Chassidim versammelt, nebst einigen wenigen jüdischen Touristen, deren Frauen gerade angewiesen werden, im abgetrennten hinteren Frauenraum Platz zu nehmen, wie es die Tradition verlangt.

Ein unglaubliches Bild: Chassidim mit Pelzhüten, Seidenkaftanen, weißen Kniestrümpfen, schwarzen Schuhen, mit Bärten und langen Schläfenlocken, alte und junge Gesichter, darunter wahre Prophetenköpfe, wie man sie sich von der hebräischen Bibel her vorstellen mag. - Die anwesenden Repräsentanten der alten ostjüdischen Frömmigkeit bereiten sich vor zum Gebet: Die großen Pelzhüte, unter denen ein schwarzes Käppchen zum Vorschein kommt, werden an ein schmiedeeisernes Gitter gehängt (S. 106), welches das in der Mitte des Raumes befindliche erhöhte Vorbeterpult umgibt. Nachdem die schwarzgestreiften weißen Gebetsmäntel umgelegt und teilweise über den Kopf gezogen sind, beginnt ihr Gebet, an einem Sabbat-Morgen im August 1980 in Polen: Es ist ein konzentriertes und intensives Beten, das einmal beinahe fröhlich klingt, wobei die Beter in die Hände klatschen, es wird dann wie zur schmerzlichen Klage und steigert sich zum fast extatischen 'Schma Jisrael...', dem jüdischen Kerngebet und Glaubensbekenntnis: 'Höre Jisrael, der HERR ist unser G'tt, der HERR ist einer'! (5 Mose 6,4) - Ein atemberaubender Schabbatgottesdienst in Krakau, wie vor dem Holocaust vielleicht, oder wie in Martin Bubers 'Erzählungen der Chassidim' beschrieben: Die unerhört dichte Wirklichkeit in diesem kleinen Bethaus muß wohl von der Art sein, wie sie das Kommen des Messias beschleunigen helfen soll.

Später stand am kleinen Marktplatz plötzlich ein alter Mann vor mir, zeigte einen großen Schlüssel, machte in einer Mischung aus polnisch, deutsch und englisch verständlich, daß er aufschließen könne, was er sogleich auch tat. So konnte man nun diesen Friedhof aus dem 16. Jahrhundert sehen, die vielen Reihen von Gräbern, kunstvoll gemeißelte Platten und Grabsteine mit zumeist langen hebräischen Inschriften samt den schon bekannten Symbolen: Händen, Löwen, Vögeln (S. 6 u. 116). Hinter der kleinen Synagoge ist in einem schmiedeeisernen Geviert ein uraltes Rabbinengrab erhalten, an seinem Sockel stehen Kerzenstummel, kleine Votivzettel stecken daneben (S. 101), ähnlich wie an der 'Kotel', der Klagemauer zu Jerusalem: Das Grab des berühmten Rabbi Moses ben Israel Isserles-Remu. Bis auf die Rabbinengräber hätten die Nazis auch diesen Friedhof zerstört, erklärte der alte Mann, von amerikanischen Juden sei er wieder hergerichtet worden und wirkte tatsächlich besonders gepflegt. Die Innenseite der hohen Umfriedungsmauer ist gänzlich mit Bruchstücken alter Grabsteine aller Größen und Formen verkleidet, von denen viele zerbrochen und nur noch in Bruchstücken vorhanden sind, eine der bleibenden Erinnerungen an Hitler-Deutschland. - Nachdem der alte Mann, der wohl kein Jude war, draußen sein Trinkgeld bekommen hatte, wurde er auf seine Art nochmals gesprächig und gab zu verstehen, daß rings um diesen Marktplatz früher wohlhabende jüdische Bürger wohnten: Dort sei zum Beispiel das jüdische Gymnasium gewesen und ganz in der Nähe die Mikwe, das rituelle jüdische Bad. So nahm ich damals Abschied von einer toten Welt, deren gerettetes Gehäuse eine Mahnung für die Lebenden bleibt.

*

Im April 1983 geht die jüdische Reisegruppe von hier in wenigen Minuten zur Neuen Synagoge, die um die Jahrhundertwende erbaut wurde und die deutsche Besatzungszeit erstaunlicherweise unzerstört überdauert hat. Nach einigem Suchen findet sich in einem etwas verwilderten Hof der Hintereingang der Synagoge, und drinnen sind tatsächlich einige Menschen versammelt, vor allem Männer, die nun zwar weiterbeten, gleichwohl die Besucher aufmerksam betrachten. Man begrüßt sich während des fortdauernden Gebets, an dem einige Gäste sogleich teilnehmen, mit den Einheimischen das Vorbeterpult umstehen, um bald zur Thora-Lesung aufgerufen zu werden. Die anderen haben auf den Bänken Platz genommen und folgen stumm dem Geschehen, das ein wenig verloren anmuten mag in diesem riesigen dämmrigen Raum, dessen flache bemalte Holzdecke einmal sehr schön gewesen sein muß, und dessen breite, ringsumführende Frauen-Empore seit dem Beginn des Zweiten Weltkrieges im Herbst 1939 wohl nie mehr voll besetzt war.

Nach dem Gebet in der Neuen Synagoge (S. 110f.) folgt ein kurzer Besuch in der Alten Synagoge, in der sich heute ein Judaica-Museum befindet: Man zahlt einen minimalen Eintritt, kann an der Kasse Postkarten, Plakate und ein kleines Schriftchen über dieses Museum kaufen, betritt dann den gotischen Hauptraum samt einem Nebenraum mit einer sehr beachtlichen Ausstellung, die weit vielfältiger angelegt ist als beispielsweise die Jubiläums-Ausstellung über jüdische Kultgegenstände im Warschauer Nationalmuseum (vgl. Muzeum Narodowe w Warszawie, Kultura Ocalona 1983). Dieses Synagogen-Museum macht tatsächlich einen sehr würdigen Eindruck, wenngleich so vieles hier doch letztlich vor allem daran erinnert, daß und warum diese alte und schöne Synagoge als Museum zweckentfremdet ist. Von dem jahrhundertealten, einstmals blühenden jüdischen Leben in diesem Stadtteil Krakaus ist außer den Synagogen, Friedhöfen, Gebäuden und einigen wenigen alten Menschen nichts geblieben, gelegentlich besucht von Gästen aus aller Welt, diesmal sogar von einer jüdischen Reisegruppe aus Deutschland, die auch hier nicht vergessen kann. Vielleicht kommen am Schabbat Erinnerungen an die Kindheit besonders intensiv zurück, auch an frühere Frömmigkeit und Gläubigkeit.

In der 'Museums'-Synagoge wurde eine Postkarten-Reproduktion angeboten: „Die alte Synagoge. Gebete in der alten Synagoge, gemalt von J. Hruzik 1860" (S. 13), lautet die rückseitige Aufschrift des stimmungsvollen Bildes, das wohl chassidische Beter zeigt, Gläubige jener großen mystisch-religiösen Bewegung des Chassidismus, der um die Mitte des 18. Jahrhunderts im osteuropäischen Judentum entstand, in Krakau damals zunächst umstritten war und in der nichtjüdischen Welt vielleicht vor allem durch Martin Bubers Überlieferung in Erinnerung geblieben ist: 'Chassidim', das waren die 'Frommen', die „mit ihrer Frömmigkeit, mit ihrer Beziehung zum Göttlichen im irdischen Leben Ernst machen wollen; ... sich nicht mit gepredigter Gotteslehre und geübtem Gottesdienst begnügen, sondern das Miteinanderleben der Menschen auf der Grundlage der göttlichen Wahrheit aufzurichten versuchen." Die Lehre des Chassidismus läßt sich in einem Satz zusammenfassen: „Gott ist in jedem Ding zu schauen und durch jede reine Tat zu erreichen. ... Nicht darin besteht das Heil des Menschen, daß er sich vom Weltlichen fernhalte, sondern daß er es heilige, es dem göttlichen Sinn weihe... Hier ist keine Trennung zwischen Glauben und Werken, zwischen Wahrheit und Bewährung, in heutiger Sprache zwischen Moral und Politik; hier ist alles Ein Reich, Ein Geist, Eine Wirklichkeit." (M. Buber 1963, S. 961f.)

*

Von der ehemaligen Krakauer Judenvorstadt und von einem kurzen Ausflug in die jüdische Vergangenheit kehrt die Reisegruppe mit dem Bus an den Rand der Altstadt zurück, bummelt über den 'Rynek-Glowny', den von früheren Adels- und Bürgerhäusern umsäumten alten Hauptmarkt und wird inmitten dichter Menschenmengen durch die 'Sukiennice' geschoben, die Tuchhallen aus dem 14. bzw. 16. Jahrhundert, einem Zentrum des mittelalterlichen Handels, worin heute in zahlreichen kleinen marktbudenartigen Lädchen vor allem kunsthandwerkliche Erzeugnisse zu kaufen sind. Bei einigen jüdischen Reisegefährten werden auch hier wieder mancherlei Erinnerungen geweckt, solche an die noch bessere Vorkriegszeit oder solche an die erste triste Nachkriegszeit, als man nach langem Lagerleben aus der Sowjetunion zurückgekehrt war. Natürlich ist unvergessen, wer während des Zweiten Weltkrieges im Krakauer Königsschloß residierte, nämlich der deutsche Generalgouverneur Dr. Hans Frank. - Auch deshalb läßt man sich von der Stadtführerin nun hinaufführen zum Schloßberg, durch enge kopfsteingepflasterte Gassen und an Renaissance-Palästen vorbei, deren verfallende Fassaden noch immer ahnen lassen, wie wohlhabend ihre Eigner einst gewesen waren. Oben angelangt, bietet sich tief im Tal das breite Band der Weichsel den Betrachtern dar, alsdann der weite und doch bevölkerte Schloßhof, die dreischiffige Krönungskathedrale Polens mit ihren 18 Kapellen und weitverzweigten Krypten, in denen die Gebeine der Großen des Landes ihre fortwährende Verehrung finden, das prachtvolle Königsschloß aus dem 14. bzw. 16. Jahrhundert und wieder ein Rundblick auf Krakau, das von den Deutschen nur deshalb nicht habe zerstört werden können, weil eben die Hauptstadt des Generalgouvernements von der Roten Armee gerade noch rechtzeitig befreit worden sei, wie die Stadtführerin zum Abschluß erklärt.

Im August 1980 sah ich bereits erstmals die alte Universität, deren ältester Teil, das Collegium Maius, im 14. Jahrhundert von Königin Jadwiga gestiftet wurde. Der dunkle Ziegelbau ist nach außen fast völlig abgeschlossen, hinter einer Pforte öffnet sich der wohlproportionierte rechteckige Innenhof mit einem Steinbrunnen in der Mitte. Dieser durch die vier Innenflügel des Gebäudes gebildete Arkadenhof erscheint wie von der Stille vergangener Jahrhunderte erfüllt. Über eine steinerne Außentreppe gelangt man in einen ehemaligen Rektoratsraum, in dem zwei junge Damen residieren, die eine kurze Besichtigung der alten Universität durchaus freundlichst bewilligen. Von einer der Damen in tadellosem Englisch erklärt, wird der jahrhundertealte, bei feierlichen Anlässen noch heute benutzte Senatssaal gezeigt, sodann die Studierzimmer der einst monastischen Professoren, darunter auch der Raum des Nikolaus Kopernikus samt seiner astronomischen Instrumente: „De revolutionibus orbium coelestium" heißt sein umwälzendes Werk von 1543, womit ein neues Weltbild, eine neue Welt, die neue Welt erdacht worden war: 'Nowy Swiat' auf polnisch. Eine eigentümlich gesammelte Atmosphäre herrscht in diesen ehrwürdigen Räumlichkeiten, in denen die Insignien der Rektoren zu sehen sind sowie eine umfangreiche Galerie von Gelehrten- und Fürstenporträts aus einer über 600-jährigen Universitätsgeschichte, die nur sehr wenige ihresgleichen kennt.

Krakau fasziniert. Im April 1983 besuchte ich mit einigen Reisegefährten noch einmal die Altstadt, die nun einen stilleren Eindruck macht, da sämtliche Geschäfte geschlossen sind. Jetzt kann man in Ruhe über den weiten Marktplatz gehen und um die großen verschlossenen Tuchhallen herum, kann den imposanten freistehenden Rathausturm samt jener beiden steinernen Löwen betrachten, die mit ebenso unterschiedlichen wie unergründlichen Mienen den Eingang bewachen. - Angesichts des dunkelverhangenen Himmels mag das Innere der gotischen Marienkirche heute vielleicht noch dämmriger wirken als sonst: „Aus der Kirchen ehrwürdiger Nacht, sind sie alle ans Licht gebracht", heißt es im Faustschen „Osterspaziergang" Johann Wolfgang von Goethes, der im Jahre 1790 in Haus Nr. 36 hier am Hauptmarkt übernachtet hat, wie eine steinerne Gedenktafel bekundet. In Krakau zumindest erscheint dieses Dichterwort widerlegt, denn an jeder der zahlreichen Kirchen, die man während des heutigen Rundgangs erblickt, läßt sich ein reges Kommen und Gehen von Menschen beobachten, darunter Alte und Junge, Frauen und Männer. Vor oder hinter den Kirchentüren findet man Fotos und Bilder des polnischen Papstes, der in dieser Stadt einmal Erzbischof war. Ein besonders originelles Poster zeigt die päpstlichen Vorgänger einschließlich Petrus im bildlichen Kleinformat, Jan Pawel II. jedoch im Großformat. Wieder am Hauptmarkt angelangt, hört man von einem der hohen Türme der Kathedrale die seltsame Stundentrompete mit ihrem dreifach wiederholten Signal, das am Ende jäh abbricht. Es wird in Erinnerung an jenen unglücklichen Turmwächter geblasen, dem einst ein Pfeil den Hals durchbohrte.

Die kurzen entspannenden Nachmittagsstunden sind vorbei, die Reisegefährten treffen sich zum Abendessen im Hotel; anschließend sitzt man noch lange zusammen, geht von Tisch zu Tisch, redet miteinander, die deutsch-jüdisch-polnische Vergangenheit ist wieder ganz gegenwärtig, das Thema des Abends läßt keinen mehr los, die letzte und wohl schwerste Station dieser Reise wirft ihre Schatten voraus: Morgen fahren wir nach Auschwitz-Birkenau.

Im Spätsommer 1989 weilte ich zum dritten Mal in Krakau und habe im Rahmen einer gutgemeinten, jedoch etwas eigenartig verlaufenen Konferenz mit dem Thema 'Universities today and tomorrow - Their role in the cooperation of European nations', veranstaltet von einem Kollegen der Universität Krakau, in deren altehrwürdigen Hallen eine Ansprache über 'Jewish identities in Europe - Some introductory remarks' gehalten. - Zum bislang vierten Mal war ich hier im April 1993 nach den Feierlichkeiten zum 50. Jahrestag des Aufstands im Ghetto von Warschau (vgl. E.R. Wiehn 1993). Nach der definitiven Wende war diesmal in Kazimierz bereits eine gewisse Bautätigkeit der jetzt anscheinend oder scheinbar neuen Zeit zu bemerken, dem denkwürdigen Ort seither hoffentlich angemessen geblieben. In Krakau und Kazimierz bleibt jedenfalls die ebenso dramatische wie vielschichtige Geschichte stets unheimlich nahe präsent - Rabbi Moses ben Israel Isserles wie Auschwitz-Birkenau: Historia magistra vitae?

*

In einem geheimen Brief des Reichsministers und Chefs der Staatskanzlei Dr. Hans Heinrich Lammers an den Reichsführer SS Heinrich Himmler vom 17. April 1943 mit beigefügten Aufzeichnungen vom 12. April 1943 über die Zustände im Generalgouvernement heißt es unter anderem: Die verfehlte Auffassung des Generalgouverneurs bezüglich seiner staatsrechtlichen Stellung habe sich in der Sucht kundgetan, „sowohl dem Reich als auch den Deutschen und der einheimischen Bevölkerung im Generalgouvernement gegenüber durch prunkhafte Repräsentation eine große Machtfülle zur Schau zu stellen. Dabei entwickelte sich bei dem Generalgouverneur ein übersteigertes Herrschergefühl, dem vielfach unüberlegte Anordnungen, die zum Teil wieder rückgängig gemacht werden mußten, sowie Willkürakte und Affekthandlungen mancher Art entsprangen. Dadurch wurde das Vertrauen in eine stetige Regierungs- und Verwaltungsführung sowohl in der eigenen Verwaltung als auch bei der einheimischen Bevölkerung erschüttert mit der Folge, daß häufig Verordnungen und Gesetze unbeachtet gelassen, umgangen oder bewußt sabotiert wurden. - Mit dieser persönlichen Haltung des Generalgouverneurs paarte sich, wohl derselben Wurzel eines übersteigerten Herrschergefühls entstammend, ein auffälliger Mangel an Gefühl für eine saubere persönliche Haltung in seiner eigenen Lebensführung wie derjenigen seiner nächsten Angehörigen... - Seine große persönliche Eitelkeit machte den Generalgouverneur weiterhin geneigt, sich nicht mit verantwortungsbewußten und fähigen Mitarbeitern, sondern mit zum Teil unfähigen Schmeichlern zu umgeben, die sich angelegen sein ließen, unter Schönfärbung der wahren Verhältnisse im Generalgouvernement große Erfolge in Politik und Verwaltung vorzutäuschen, um der Selbstgefälligkeit des Generalgouverneurs zu fröhnen und dabei zugleich ihren eigenen persönlichen Vorteil zu suchen. Es entstand auf diese Weise eine Günstlings- und Vetternwirtschaft, unter der die Sauberkeit der Verwaltung um so mehr zu leiden hatte, als die persönliche Haltung des höchsten Repräsentanten des Reichs ein denkbar schlechtes Beispiel gab und labile Charaktere damit des wichtigsten Rückhalts beraubte." (IMT 1947, Bd. XXIV, S. 339f.)

Am 10. Januar 1946 bemerkte Oberstleutnant Baldwin vor dem Internationalen Militärgerichtshof in Nürnberg: In Übereinstimmung mit dem Rassenprogramm der Nazi-Verschwörer habe der Angeklagte Dr. Hans Frank in seinem Tagebuch ganz klar zum Ausdruck gebracht, daß die vollständige Vernichtung der Juden eines seiner Lieblingsziele gewesen sei: „In dem Dokument US-271 erklärt Frank gegen Ende des Jahres 1940 in seinem Tagebuch, daß er nicht alle Läuse und Juden in einem Jahr ausrotten könnc. Im Beweisstück US-281 erklärt er in seinem Tagebuch vom Jahre 1942, daß ein Programm von Hungerrationen, demzufolge er tatsächlich 1.200.000 Juden zum Hungertod verurteilte, nur beiläufig bemerkt werden solle. Laut Beweisstück US-295 hatte er einer geheimen Pressekonferenz anvertraut, daß im Jahre 1944, das steht auch in seinem Tagebuch, vielleicht noch 100.000 Juden im Generalgouvernement leben würden. - Diese Tatsachen, Hoher Gerichtshof, stammen aus dem Tagebuch des Mannes selbst. Wir brauchen hier nur die Ergebnisse aufzuzählen. Die höchste Autorität in einem bestimmten geographischen Gebiet gibt zu, daß innerhalb eines Zeitabschnitts von vier Jahren bis zu 3.400.000 Menschen in Übereinstimmung mit der amtlichen Politik in diesem Gebiet vernichtet wurden, und zwar nicht zur Sühne für irgendwelche Verbrechen, sondern nur deshalb, weil sie als Juden geboren waren. Keine Worte können all das Sterben und Leiden enthüllen, das sich aus diesen nackten Tatsachen ergeben hat." (IMT 1947, Bd. 5, S. 93)

Während der Sitzung vom 11. Juli 1946 sagte Rechtsanwalt Seidl als Verteidiger Dr. Hans Franks in seinem Plädoyer vor dem Internationalen Militärgericht in Nürnberg unter anderem: „Im gegenwärtigen Verfahren wurde wiederholt der Bericht des SS-Brigadeführers Stroop über die Vernichtung des Warschauer Ghettos aus dem Jahre 1943 erwähnt, Beweisstück US-275 (1061-PS). Sowohl aus diesem Bericht wie aus einer Reihe anderer Dokumente ergibt sich, daß alle im Zusammenhang mit dem Warschauer Ghetto durchgeführten

Maßnahmen ausschließlich auf unmittelbare Weisung des Reichsführers-SS und Chef der Deutschen Polizei Himmler erfolgten." Weiter sagte Anwalt Seidl damals: „Meine Herren Richter! Es soll selbstverständlich auch von mir nicht bestritten werden, daß in dem als Generalgouvernement bekannten Gebiet während des vergangenen Krieges ungeheure Verbrechen begangen wurden. Konzentrationslager waren errichtet worden, in denen die Menschen massenweise vernichtet wurden. Geiseln wurden erschossen. Enteignungen fanden statt und so weiter. Der Angeklagte Frank ist der Letzte, der das bestreiten wollte; hat er doch selbst einen fünfjährigen Kampf gegen alle Gewaltmaßnahmen geführt." (IMT 1947, Bd. XVIII, S. 175 u. 178) - Dr. Hans Frank wurde am 16. Oktober 1946 in Nürnberg als Kriegsverbrecher hingerichtet.

*

Josel Rakower rechtet mit Gott: „Sei gepriesen, Herr, - daß Du mich zu einem Sohn Israels gemacht hast - einem Sohne des unglückseligsten - aller Völker der Erde. - ... - Herr, ich kam auf die Welt, - um an Dich zu glauben - und Deine Gebote zu halten - und Deinen Namen zu ehren - Du aber hast alles getan, - damit ich nicht an Dich glaube. --- Doch Du bringst mich nicht von meinem Wege ab, - o Du mein Gott, - Gott meiner Väter! - Nie und nimmer soll Dir das gelingen! - Du nahmst mir die Frau - und die Kinder - und das Haus - und die Habe - Du machtest mich zum Fetzen Fleisch, - unter tolle Hunde geworfen, - Du brandmarktest mich mit dem Mal der Schande. - Aber ich höre nicht auf, an Dich zu glauben, - und ich werde Dich lieben - Dir selber zum Trotz, - Deinem Willen zum Trotz - GOTT, - der Du alles getan hast, - damit ich an Dir zweifle. - SCHEMA ISRAEL, ADONAJ ELOHENU, - ADONAJ ECHAD!" (R. Brandstaetter in K. Wolff 1983, S. 274ff.)

Grab des Moses ben Israel Isserles Remu 1993 (Foto Wiehn)

Ausgewählte Literatur

M. Balaban, Historia Zydów w Krakowie i na Kazimierzu 1304-1868 (poln. Die Geschichte der Juden in Krakau und in Kazimierz 1304-1868), Band I: 1304-1655, Krakau 1931; Band II: 1656-1868, Krakau 1936 (Repro. Krakau 1991).

M. Bergson (Ed.), Dyplomariusz dotyczacy Zydów w dawnej Polsce (1388-1782). Warschau 1910.

A. Bieberstein, Zaglada Zydów w Krakowie. Krakau 1985.

A. Bielowski (Hg.), Monumenta Poloniae Historica, 2, Lemberg 1872.

H. Bretholz (Hg.), Die Chronik der Böhmen des Cosmas von Prag. Berlin 1923.

M. Brocke (Hg.), Beter und Rebellen. Aus 1000 Jahren Judentum in Polen. Frankfurt a.M. 1983.

M. Broszat, Nationalsozialistische Polenpolitik 1939-1945. Stuttgart 1961 (kursiv: Literatur zur NS-Zeit).

M. Broszat, Zweihundert Jahre deutsche Polenpolitik. (1963) Frankfurt 1981.

M. Buber, Werke, Dritter Band, Schriften zum Chassidismus. München u. Heidelberg 1963.

M. Buber, Der Weg des Menschen nach der chassidischen Lehre. Heidelberg, 7. Auflage 1977.

S. Chone, The Esterke Story in Yiddish and Polish Literature. Jerusalem 1985.

Der Prozeß gegen die Hauptkriegsverbrecher vor dem Internationalen Militärgerichtshof, Bände V u. XVIII, Nürnberg 1947 (zit. als IMT).

A. Döblin, Reise in Polen. (1926) Olten 1968.

H. Eichelbaum (Hg.), Schlag auf Schlag. Die deutsche Luftwaffe in Polen. Berlin 1939.

Encyclopaedia Judaica, Fourth Printing, Jerusalem 1978.

H. Frank, Im Angesicht des Galgens. München 1953.

M. Fuks, Z. Hoffman, M. Horn, J. Tomaszewski, Polnische Juden. Geschichte und Kultur. Warschau o.J.

J. Goldkorn, Im Kampf ums Überleben - Jüdische Schicksale in Polen 1939-1945. Konstanz 1996.

Ha-Jehudim be-Krakow (hebr. Juden in Krakau. Das Leben und der Untergang einer alten Gemeinde). Haifa 1981/1983.

M. Hellman, Daten der polnischen Geschichte. München 1985.

G. Heuberger (Hg.), Im Kampf gegen Besatzung und 'Endlösung'. Widerstand der Juden in Europa 1939-1945. Frankfurt a.M. 1995.

Jüdisches Historisches Institut Warschau (Hg.), Faschismus - Ghetto - Massenmord. (Ausgewählt, bearbeitet und eingeleitet von T. Berenstein et al.) Frankfurt o.J.

M. Klanska (Hg.), Jüdisches Städtebild. Frankfurt a.M. 1994.

M. Krajewska, Time of stones. Warsaw 1983.

Krzysztofory 15. Zeszyty naukowe muzeum historycznego miasta Krakowa (poln. Wissenschaftliche Hefte des historischen Museums der Stadt Krakau), Nr. 15, Krakau 1988.

E. Kuby, Als Polen deutsch war. 1939-1945. München 1986.

A. Lustiger (Ed.), The black book of Polish Jewry. An account of the martyrdom of Polish Jewry under Nazi occupation. (1943) Bodenheim 1995.

S. Markowski, Krakowski Kazimierz. Dzielnica zydowska. 1870-1988 (Kazimierz. The Jewish quater of Cracow). Krakow 1992.

M. Mieses, Z rodu zydowskiego. Warschau 1991.

H. Moll, „Der blaue Stern. Ein Krakauer Ghetto-Tagebuch." (Zu Halina Nelken) In: Neue Zürcher Zeitung, Nr. 250, 26./27.10.1996, S. 65.

'Mordechaj Gebirtig - Jiddische Lieder.' Edition Künstlertreff, Wuppertal 1992 u. 1994.

Muzeum Narodowe w Warszawie (Ed.), Kultura Ocalona. Katalog wystawy poswieconej kulturze Zydów polskich. Warszawa 1983.

Muzeum Narodowe w Krakowie (Ed.), Zydzi - Polscy. Czerwiec - Sierpien 1989. Krakow 1989.

H. Nelken, Freiheit will ich noch erleben. Krakauer Tagebuch. Gerlingen 1996 (dazu Heinz Moll).

M. Niezabitowska, Remnants. The last Jews of Poland. New York 1986.

T. Pankiewicz, Die Apotheke im Krakauer Ghetto. (1982) Essen u. München 1995.

L. Poliakov u. J. Wulf, Das Dritte Reich und die Juden. (1955) Frankfurt, Berlin, Wien 1983.

L. Poliakov u. J. Wulf, Das Dritte Reich und seine Diener. (1956) Frankfurt, Berlin, Wien 1983.

W. Präg u. W. Jacobmeyer (Hg.), Das Diensttagebuch des deutschen Generalgouverneurs in Polen 1939-1945. Stuttgart 1975.

M. Prel, Freiherr du (Hg.), Das Generalgouvernement. Würzburg 1942.

B. Rosenberg, „Versuch zu überleben." Polen 1941-1945. Frankfurt a.M. 1996.

St. Szende, Der letzte Jude aus Polen. Zürich 1945.

N. Tamir, The Polish Jews before the Holocaust. Jerusalem 1963.

N. Tamir, The Polish Jews 1914-1939. Tel Aviv 1983.

E.R. Uderstädt, 18 Tage Weltgeschehen. Der Feldzug gegen Polen. Berlin 1940.

E.E. Urbach (Hg.), Sefer Arugut Habossem. Bd. 1-4, Jerusalem 1939-1963.

H. Vogler, Wyznanie mojzeszowe. Warschau 1994.

B.D. Weinryb, The Jews of Poland. A Social and Economic History of the Jewish Community in Poland from 1100-1800. Philadelphia 1976.

E.R. Wiehn, Kaddisch - Totengebet in Polen. Reisegespräche und Zeitzeugnisse gegen Vergessen in Deutschland. Darmstadt 1984, 2. Auflage 1987.

E.R. Wiehn, Ghetto Warschau - Aufstand und Vernichtung 1943 fünfzig Jahre danach zum Gedenken. Konstanz 1993.

E. Wisshaupt, Der große deutsche Feldzug gegen Polen. Eine Chronik des Krieges in Wort und Bild. Geleitwort Generalfeldmarschall von Reichenau. Wien 1940.

K. Wolff (Hg.), Hiob 1943. Ein Requiem für das Warschauer Ghetto. Neukirchen-Vlyn 1993.

S. Wojaka (Ed.), Kazimierz. Krakow wedrowki w przeszlosc (Cracow. A Jouney in the Past). Warszawa - Krakow 1987.

B. Wyrozumska, The Je

Dr. Jehuda L. Stein 1996 (Foto Georges Hill)

<u>Jehuda L. Stein</u>

geboren   5.2.1923, in Krakow (Krakau, Cracovie, Cracow) Polen.

Vater   Abraham Mendel Stein, Bankangestellter in Krakau,
ermordet im Alter von 52 Jahren am 30.08.1942
in Nowy Targ (Neumarkt an der Dunajec) Polen.

Mutter   Ela Reisel, geb. Götzel, aus Krakau, ermordet
im Alter von 42 Jahren am 4.9.1942
im Vernichtungslager Belzec, Polen.

Geschwister   Josef, geb. 1930 in Krakau, ermordet
im Alter von 12 Jahren am 4.9.1942
im Vernichtungslager Belzec, Polen;
Gershon (Jerzyk), geb. am 1.3.1924 in Krakau;
seit 1948 in Haifa, Israel.

Schulen: Volksschule und Gymnasium in Krakau.

Kriegsjahre   1939 bis zur Errichtung des Ghettos in Krakau (1941),
1939-1945:   Zwangsarbeit in Krakau und Umgebung;
1941 Flucht der Familie nach Nowy Targ (Neumarkt/
Dunajec) Südpolen;
1941 bis zur Ermordung der Juden in Nowy Targ
(August 1942): Zwangsarbeit in Nowy Targ
und Czarny Dunajec;
1942-1943 Zwangsarbeitslager Czarny Dunajec;
1943-1944 Konzentrationslager Krakau-Plaszow;
1944 Konzentrationslager Groß-Rosen,
Häftlingsnummer 82666, Kommando Wuestegiersdorf;
1944-1945 Konzentrationslager Flossenbürg,
zuletzt mobiles Kommando: Bahnmeisterei;
21.4.1945 Flucht aus dem Häftlingstransport
bei Donaueschingen;
23.4.1945 Ankunft in der Schweiz bei Ramsen/
Kanton Schaffhausen;

Nachkriegszeit: Mai 1945 bis August 1945 Kantonsspital Winterthur;
August 1945 bis September 1946 Sanatorien in Davos;

Oktober 1946 bis September 1947: Besuch der Schweiz. Tropenschule
in Basel,
Abschluß mit Certificate of the Tropical School -
Planter Course;

1948 - 1954: Studium an der Universität Bern;
Juni 1954 Promotion zum Dr.phil.nat. in Chemie
als Hauptfach, Physik und Bakteriologie als Nebenfächer.

11. Sept. 1958: Erwerb des Schweizer Bürgerrechtes.

Berufliche Tätigkeit 1954-1971: Abteilungsleiter des Zentrallaboratoriums
und Vizedirektor bei Ursina AG Bern in Konolfingen;

1971-1988: Leiter der Laboratorien und Vizedirektor bei
Nestlé - R&D - Center in Konolfingen; Tätigkeitsbereiche:
Lebensmittelchemie und Analytik;
Forschung und Entwicklung (R&D) von neuen Produkten
(Milch-, Diätetik-, Säuglings-, Kleinkind- und klinische
Ernährung).

Seit 1. März 1988 Ruhestand;
Mitarbeit an der Encyclopedia of Industrial Chemistry
und am Schweiz. Lebensmittelbuch für BAG (Bundesamt
für Gesundheitswesen);
Gerichtsübersetzer für Polnisch an den Gerichten des
Kantons Bern.
Vizepräsident der Bnei-Brith, Albert-Einstein-Loge in Bern;
Vorstandsmitglied der Jüdischen Gemeinde Bern.

Monographien: Juden in Krakau 1173-1939. Konstanz 1997.
Die Familie Stein (1830-1944). - Geschichte und Untergang
einer jüdischen Familie (noch nicht publiziert).

Dr. Dr. h.c. Erhard Roy Wiehn, M.A.

Professor für Soziologie an der Universität Konstanz; jüngere Veröffentlichun-
gen vor allem zur Schoáh und Judaica.

Bücher der Edition Schoáh & Judaica aus den Jahren 2024 - 2026

Erhard Roy Wiehn (Hg.), . Gegen Vergessen III. Zehn neue Einführungen in unsere Edition Schoáh & Judaica. George Orwell 40 Jahre später. Special Postscript by Peter Kasdan. 2024. 216 Seiten, € 29,80. ISBN 978-3-86628-812-6

Erhard Roy Wiehn (Hg.), Jüdische Hommagen an Menschen und anderes. 2024, 122 Seiten. € 19,80. ISBN 978-3-86628-795-2

Irene Gabriele Gill, Ein Flüchtlingsleben. Erfahrungen einer dem Holocaust Entkommenen. Herausgegeben von Erhard Roy Wiehn. 2024. 276 Seiten. € 24.80. ISBN 978-3-86628-806-5

Erhard Roy Wiehn (Hg.), Jüdischkeit im Holocaust. Überlebensgeist und Überlebenskraft.2024. 216 Seiten, € 24,80. ISBN 978-3-86628-813-3

Menachem Amitai, „Ich nehme es Ihnen nicht übel, dass Sie Jude sind." Ein jüdischer Psychoanalytiker in Deutschland. Herausgeg. von Erhard Roy Wiehn. 2024. 138 Seiten; € 24,80. ISBN 978-3-86628-819-5

Erhard Roy Wiehn (Hg.), Jüdische Kinder im Holocaust. Erinnerungen. 2024, 226 Seiten; € 29,80. ISBN 978-3-86628-820-1

Christel Wollmann-Fiedler, Judaica und Israelia. Biographisches, Dichtung, Feste, Interviews, Kunst, Reiseberichte, Rezensionen. Herausgegeben von Erhard Roy Wiehn. 2024. 366 Seiten, € 39,80. ISBN 978-3-86628-817-1

Erhard Roy Wiehn (Hg.), Jüdische Hoffnungen im Holocaust - Erinnerungen der Edition Schoah & Judaica. 2024. 94 S., € 24,80. ISBN 978-3-86628-822-5

Erhard Roy Wiehn (Hg.), Pfadfinder in der deutschen Nachkriegszeit. Gesammelte Erinnerungen. Vorwort von Anton Markmiller. 2024. 148 Seiten. € 24,80. ISBN 978-3-86628-827-0

Erhard Roy Wiehn (Hg.), Pfaff-Lehrlinge erinnern sich an ihre Lehrzeit in Kaiserslautern 1951-1955. 2024. 132 Seiten. € 29,80. ISBN 978-3-86628-830-0

Erhard Roy Wiehn (Hg.), Jüdisches Jahresarchiv 2024. Zehn neue Einführungen in die Edition Schoáh & Judaica sowie Miszellen aus meinem Lebenskontext. 2025. 236 Seiten. 34,90 €. ISBN 978-3-86628-826-3

Xenis Sachinis, Meine Holocaust Kunst - My Holocaust Art - Η τέχνη μου στο Ολοκαύτωμα. Einführungen - Introductions – Εισαγωγές. Triandafillos Tranos & Titus Milech. Vorwort und herausgeg. von Erhard Roy Wiehn. 2025; 266 Seiten, € 49,80. ISBN 978-3-86628-842-3

Erhard Roy Wiehn, Nichtsdestotrotz. Mein Weg zu mir und zur Welt. Erinnerungen 1937-2025. 1. Aufl. 2025. 378 Seiten. 39,90 €, ISBN 978-3-86628-843-0

Erhard Roy Wiehn (Hg.), Gretel Baum Merom. Hommage an eine zionistische Pionierin 1913-2019. 1. Aufl. 2026. 118 Seiten. 19,80 €, ISBN 978-3-86628-800-3

Geza Kornis, Überlebt durch Solidarität. KZ Wapniarka, Ghetto Olgopol in Transnistrien, Arbeitslager in Rumänien. Ein Zeitzeugenbericht. Herausgegeben von Erhard Roy Wiehn 2. Aufl. 2026, 1. Aufl. 2004. 50 Seiten. € 19,80. ISBN 978-3-89649-918-9

Erhard Roy Wiehn (Hg.), Schlomo Marcus. Hommage an einen hebräischen Humanisten. 1910-2014. Mit Geschichten der Herkunftsfamilien Marcus und Eschelbacher sowie autobiographischen Notizen. 1. Aufl. 2026. 94 Seiten. 19,80 €, ISBN 978-3-86628-799-0